发现
最好的自己：
一位幼儿园园长的教育随想

朱继文 / 著

北京师范大学出版集团
BEIJING NORMAL UNIVERSITY PUBLISHING GROUP
北京师范大学出版社

图书在版编目（CIP）数据

发现最好的自己：一位幼儿园园长的教育随想 / 朱继文著. —北京：北京师范大学出版社，2017.9（2025.7重印）
ISBN 978-7-303-22299-5

Ⅰ. ①发…　Ⅱ. ①朱…　Ⅲ. ①幼儿教育—文集　Ⅳ. ①G61-53

中国版本图书馆CIP数据核字（2017）第101978号

出版发行：北京师范大学出版社 https://www.bnupg.com
　　　　　北京市西城区新街口外大街12-3号
　　　　　邮政编码：100088
印　　刷：北京盛通数码印刷有限公司
经　　销：全国新华书店
开　　本：787mm×1092mm 1/16
印　　张：14
字　　数：190千字
版　　次：2017年9月第1版
印　　次：2025年7月第4次印刷
定　　价：38.00元

策划编辑：罗佩珍　　　责任编辑：鲍红玉
美术编辑：焦　丽　　　装帧设计：焦　丽
责任校对：陈　民　　　责任印制：赵　龙

我眼中的凡人园长与心中的思想大师

有人说，教育的本质意味着一棵树摇动另一棵树，一朵云推动另一朵云，一个灵魂唤醒另一个灵魂。初夏的日子里，我仔细阅读了朱继文园长的这本思想集，感受着与朱园长思想火花碰撞出的璀璨之光，感动于幼儿教育行业有此"铁娘子"一般的引领者，感触于我的同龄人用无悔青春坚守教育情怀，感慨于朱园长在漫长岁月中积淀下的丰富人生智慧。

朱园长总是以乐观的生活态度不断发现最好的自己。我与朱继文园长相识很长时间，但是每一次相见印象都极为深刻，因为她带给周围人的是快乐、是开心，更是敬业、精业、专业和好学向上。每次和朱继文园长畅谈，都觉得不仅是在和一位幼儿教育工作者聊天，更是在和一位思想者对话。这是我愿意把这本书推荐给大家的第一个原因，与快乐的人聊天，乐观向上。

朱继文园长总是以开放的学习心态成为最好的自己。作为一名研究比较教育的学者，我欣赏加德纳的多元智能理论以及蒙台梭利的教育智慧，这是经过国外教育同行数十年的研究形成的理论体系和实践体系，"师夷长技"是应有的研究态度和学习态度。我想强烈表达的是，朱继文园长基于近30年的教学实践和管理实践，总结自己的教育心得和管理智慧，以故事的形式记录工作、生活的点点滴滴，这本身就是一种研究，可以说是对自我的一种反省、一种追求、一种教育。教育是韩愈的"传道、授业、解惑"的社会职能，教育是"人不学，不成器"的代代古训，教育是"青出于蓝而胜于蓝"的殷切期望，可是教育更重要的是教育者对自我的认知，需要有"修身、齐家、治国、平天下"的大智慧，更要有

"吾日三省吾身"的反思能力。这是我推荐这本书的第二个原因，为学习者喝彩。

朱继文园长总是以积极的处世哲学成为最好的自己。在此书开篇最打动我的是扪心三连问："什么是教育者？教育者应该是个什么样的人呢？难道只有从事教师工作的人才是教育者吗？"这是一个追本溯源的过程，是一个只有在夜深人静之时才能思考的问题，破解之后方有凤凰涅槃的觉悟。朱继文园长的涅槃过程，不仅是思想上的考验，更是伴随着身体上的病痛折磨。阅读"健康"一章时，我不禁潸然泪下，凡是历尽无助和病痛的人才会更加珍惜身体，也才会深刻领悟什么是真正的"养生"，那是滋养心灵与充盈灵魂并重的生命成长过程。在"发现"一章中，我边读边窃喜，在朱园长一言一行、一颦一簇、一怒一闹中，我感受到了她的领导魅力。在"成长"一章中，更多的是朱园长对未来的一些感悟，可能和教育有关，也可能和教育无关，但是只要从事教育工作，学而无涯，自会受益。孔子曰："吾十有五，而志于学。三十而立。四十而不惑。五十而知天命。六十而耳顺。七十而从心所欲，不逾矩。"《论语·为政》"知天命"是一种对自我深度的认知，不断地成长才是对自己最好的礼物。在"幸福"一章中，在"且行且珍惜"的网络语的感召下，幸福变成一种当下的享受和当下的心境。童年时嬉戏贪玩，自由自在；少年时精神匮乏，一本书成为珍品之物；青年时发愤图强，在岗位上砥砺前行……我们对"幸福"有着感恩之意，正如在书中所引用的庄子之言"顺其自然，享受无拘无束的快乐"。这是最好的时代给予我们每个人的幸福。这是我推荐这本书的第三个原因，向朱园长学习成为"最好的自己"。

以上是我对这本书粗略的概括，不当之处，欢迎同行交流。我希望该书的价值不仅停留在"读本"层面，其实朱继文园长精于研究、勤于反思的管理风格还可以让此书变成一本学前教育管理领域的"《窗边的小豆豆》"，也期待更多的同行加入小豆豆系列，我们的学前教育将会精彩纷呈、百家齐鸣。

2017年6月

（作者为北京师范大学教育学部教授）

出彩幼教人生，铸造精彩中国梦

坐在国家图书馆新馆中，在群书环抱的宁静氛围下，我一字一句地品读着这部书稿。看着，看着，我的眼泪止不住地流了下来。与北京市丰台区第一幼儿园园长朱继文相识已有七八年的时光，我喜欢称呼她"文儿姐"。因为"文"字总让我联想到"文化"，联想到由内而外在潜移默化中扩散的软实力，联想到能够传承百年、千年、万年的生命智慧。在与文儿姐的交往中，因工作关系，我们有过数次心贴心的深度交流，她为幼教而生，我对幼教情有独钟，这使得我们在沟通中总是碰撞出智慧的火花。

毫无疑问，文儿姐是属于中国幼教事业的，她也是我幼教事业生涯发展中的领路人。我对文儿姐的印象是鲜活而生动的，她阳光、时尚、美丽、大度、热情、活泼、自信、勤奋、谦逊，对幼儿教育本真价值执着的追求令人敬仰而感动，对幼儿教育事业的热爱像严寒冬日后春日里的暖阳能令万物复苏。然而，这部书稿再次刷新了我对文儿姐的认知，一个又一个生动的故事，字里行间里流露出的情怀，深深触动着人的灵魂，让我感动到落泪。阅读这部书稿，我不由自主、自然而然地联想到习总书记在《习近平谈治国理政》这部著作中提出的中国梦、改革、创新等关键词，文儿姐在用她的实际行动实践着幼教领域的精彩中国梦。

伟大的时代需要伟大的精神，崇高的事业需要榜样引领。无论是社会，还是我们每个人，或许都有各种各样的问题需要解决，或许都有各种不如意的事情需要面对。但是，站在历史的潮头来看，不可否认，我们生存在一个波澜壮阔的伟大时代。在这个时代里，每个行业都存在着建功立业的机会。正因如此，在这样的时代里更加呼唤"劳模"的精神——爱岗敬业、争创一流、艰苦奋斗、勇于创业、淡泊名利、甘于奉献。对于幼教人来说，如果你也希望自己快速成长，成为引领时代的弄潮儿，那么请仔细阅读这本书里一个个生动而鲜活的小故事吧。如果你理解了，也做到了，那么你就会像文儿姐一样，成为这个时代的模范榜样。

关键词："爱"。对孩子们无私的爱是幼教人力量的源泉。责任重于泰山，事业任重道远。对于幼教人来说，什么是"夙夜在公，勤勉工作"？脑瘤手术准备期间，文儿姐的内心深处也有对疾病和未知的恐惧与彷徨，深夜里泪水湿了枕席，那时候的她该是多么的脆弱！就是在这种情况下，她依然把笑脸和阳光留给身边的人，依然能够把幼儿园领导班子会议开到病房里面。她对幼儿教育事业的热爱如此厚重，她在内心脆弱、恐惧时展现出来的智慧与风采，如何能不让人感动到落泪？！

关键词："学习"。学习是立身做人的永恒主题。学习是进步的阶梯，实践是增强本领的途径。对于幼教人特别是朝气蓬勃的老师们来说，更应该从自身做起，从点滴做起，谦虚谨慎，用心学习，用勤劳的双手、一流的业绩，成就属于自己的精彩人生。知易行难，讲道理总是很容易，解决怎么做的问题更需要智慧。看看文儿姐，作为一位园长，她是如何引导老师"做一个能讲出细节的人"，如何解读"晾晒的思考"，如何拥有了鼓励教师自我成长的"不打扰"故事，又是如何认知"向身边讨厌的人学习"的……每一个小故事中的关键词都有"学习"，要成为一个出彩幼教人，需要有善于"学习"这项特质。

关键词："创新"。文儿姐在工作中是如何体现创新的呢？读一读"幼儿园到底让孩子学习什么呢""让更年期的教师美丽常驻""学会表达真感情"，看一看"让心灵拥有归属感"和"让自己的心更年轻"吧。创新并不是仅仅体现在科学技术的攻关突破中，创新的呈现也并非总是轰轰烈烈、振聋发聩的。在大多数情况下，创新就在我们思维和行动的细节中，可能静悄悄地发生，在事后回味时才发现这又是一次美妙的进步。作为有事业理想和追求的幼教人，我们生活在一个如此美好的时代。创新正当其时，圆梦适得其势。我们更要有"时不我待"的紧迫意识，坚持以创新驱动发展。

关键词："德"。习近平总书记曾说过，"中华优秀传统文化是中华民族的突出优势"，"是我们最深厚的文化软实力"，要弘扬中华传统美德，弘扬时代新风。养大德者方可成大业。做人做事，第一位的是崇德修身。"崇德修身"是中华传统文化中的精华，然而在很多现代人眼里，这是太务虚的东西，谈谈可以，至于如何落实到操作层面，很多人会想当然地认为没有可操作性。读到"快乐要学会分享——低调而不炫耀""经营好自己的家庭""路边篮子里摆着的柿子""不给别人添麻烦""互相提醒是一种责任"等这些生动的小故事时，你会明白"崇德修身"是如何在一位优秀幼教人学习、生活和工作的点点滴滴中鲜活地体现出来的。

孩子是落入人间的天使。我爱孩子，热爱幼儿教育工作，也注定将自己的生命与热情投注于祖国的幼儿教育事业中。在这样一条令人怦然心动的道路上前行，还会遇到很多出彩的幼教人，还会接触很多精彩的幼教人故事。人生中的故事，故事中的人生，向榜样式的人物学习，会让自己飞得更快、更高、更远。也祝愿更多的幼教人在阅读这些故事时，能让自己获得更有效率的成长。慢慢地，你也会成为书写精彩故事的人。千淘万漉虽辛苦，吹尽狂沙始到金。

朱文英

2017年5月

（作者系北京德一尚教育科技有限公司CEO，

北京明德树仁教育咨询有限公司CEO）

遇 见

　　我来自内蒙古自治区巴彦淖尔市乌拉特中旗甘其毛都学校。2013年7月与朱继文园长有幸相识。当时，我这个毫无经验的管理者带着刚从学校毕业的年轻老师们创办起一所中蒙边境地区的农民工子弟学校。在我最无助、最迷茫、最艰难、最需要帮助时，有幸遇见这位可亲可敬的姐姐，她雪中送炭，伸出援助之手，用她大爱的精神，无私地帮助并支持着我管理的这个小得不能再小的幼儿园。

　　一次次的爱心支教，一批批的跟岗培训，为我们架起了友谊的桥梁。虽然我们相距千里，但却亲如一家。"丰台一幼"这个充满爱心的大家庭的亲人们对我们无私地帮助与支持，温暖着老师们的心；姐姐一次次的鼓励、关爱，更成为我努力前行的动力。

　　教育是一门学问，管理是一门艺术。我在工作之中常常会遇到一些困惑和挫折，心存疑惑或前进受阻。这次又非常有幸在第一时间听到姐姐分享她将出版的新书中的几篇小故事。虽然每个故事篇幅短小，但文字朴实，彰显着教育的大智慧。静静想想，这些小故事或许就发生在我身边，但是我却无心留意，甚至视而不见，而作为有心人的姐姐却从教育者的角度，从不同的深度、不同的广度、不同的高度，去用一颗慧心提炼它，并将其分享给所有教育者，甚至不同领域的人们，让大家去品味教育之美、教育之真、教育的大智慧。这些小故事不仅仅传递了教育、管理的方法，更从人生观、教育观的角度剖析了教育人对人生、对事业、对生活、对社会的一种态度与精神，让人读完之后有种豁然开朗的感觉，有了轻松看待挫折、直面挑战的勇气。这些带着鲜活生活气息的小故事中流淌着姐姐对教育、对生活、对事业的所想、所思、所悟，它像是一股清泉，给予我们这些同样在世俗生活中、在幼教方寸之间的幼教人以心的洗礼和精神的启迪，让我们从另一个视角去体味人生的意义。

以前一直觉得姐姐是一位充满爱心的优秀的管理者，在书中我又一次与姐姐相遇，对姐姐又有了更深刻的理解。她不仅仅是一位普通的园长，更是一位有责任心、有担当、有思想的教育实践家。对于我这样的偏远边境地区的基层教育者而言，只想努力跟着姐姐的步伐，不断提升自己、修炼自己，踏实服务于基层的孩子们……

花　日

2017年5月

（作者系内蒙古自治区巴彦淖尔市乌拉特中旗甘其毛都学校校长）

猪八戒的"七十二变"

认识朱老师是 21 年前的事，那时的她还是一名教师，我则是一名刚刚踏入幼儿园的"新兵"。那时的她简单、快乐，是个不折不扣的孩子王。白天，她会和孩子们玩得昏天黑地，在孩子们中间她俨然是个长不大的小孩。晚上，除了睡觉，其余的时间她不是在给孩子们备课，就是在准备上课的教材教具。常听一些老教师说："这孩子天生就是当老师的料。"因为孩子，她变得简单，一心一意、全情投入。

快乐源于内心。她的笑声从来都是那么豪放、具有爆发力，是快乐从内心中喷涌出来那一刻的真实与痛快。与孩子们在一起，与老师们在一起，她那爽朗的笑声不绝于耳，这笑声也成了她的标志。因为姓朱，她常自嘲为猪八戒，简单、快乐的猪八戒，除了自己心爱的孩子，她别无奢求。

20 年转瞬即逝。受"朱妈妈"的影响，她教过的孩子，又来到了幼儿园，成为丰台一幼的幼儿教师。一次，我邀请一名 IT 公司的工程师来幼儿园调试设备，这时，楼道里一阵笑声传来，小伙子愣住了，操作电脑键盘的手指僵在了半空，然后猛地寻声跑了出去，在场的老师都被他的举动惊呆了，跟着他追出去。只见朱老师正从楼梯口往办公室走，对着陌生的小伙子微笑着说："您好！"小伙子定了定神："朱妈妈，您还在这儿呀，您还记得我吗？"朱老师也被这突如其来的问候震住了，仔细端详："你是……""是我，大一班的正正，还记得吗？"看着高高大大的小伙子拥着略显瘦弱的朱老师，时光仿佛又回到了 20 年前……我们也被这颇具戏剧性的一幕所感动。小伙子回忆道："虽然幼儿园的地址没变，但是这里从里到外全变了样，简直不敢认是不是当初自己上过的幼儿园。""那你是怎么知道朱老师的呢？"大家不解地问。"这笑声太与众不同了，一辈子也忘不了，一直印在我的脑子里，长相也许忘了，但是只要听到这笑声我就知道一定是朱妈妈。"

20多年的光阴逝去，朱老师的笑声依旧，依然过着简单、快乐的生活。身为园长的她依然简单，关心孩子，研究孩子，心系教育。

朱老师有一双大眼睛，她总是能够洞察到别人发现不了的细微之处。同样是观察孩子，她总能从孩子的点滴行为中发现孩子的兴趣，洞穿孩子的需求；在园里走一走，她总能找到问题或值得改进的细节；与人相处时，她总能看到别人的优点与长处；生活中的每时每刻，她总能发现值得她学习与思考的东西。大家公认：她有一双像孙悟空一样的火眼金睛。

孙悟空一路护送唐僧取经，千难万险，从未退缩。朱老师也有一种从不停歇、永远向上的精神。从一名教师到一名教育者，从做人到育人，从教育行为到精神内核，她注重教育的广度，更注重教育的深度。在教育这条路上孜孜以求，不知疲倦。书和笔是她最好的朋友，每天读书、每日记录自己的思考，风雨无阻。记得一次外出培训，朱老师的讲座从早上七点多延续到晚上七点多，回到宾馆已经将近九点，学习的老师们都感到疲惫不堪，匆匆洗漱躺下休息。我到朱老师的房间取东西，见她洗漱后正端坐在电脑前敲敲打打。"您不累呀，早点休息吧！"我轻声说道。朱老师却饶有兴趣地说："你来看看我这两天讲课后的一点思考！"于是我坐下来，她深情朗诵着。那是她在课上看到少数几位教师的学习状态后，发表的一些关于教师学习精神的文字，字里行间流露的是对中国幼教的关注与责任。她投入的神情像是面前坐着的是全中国千千万万的幼儿教师，她多么想用自己的文字、自己的声音去唤醒那些面对工作缺乏责任、面对学习心不在焉、面对幼教还以为误入歧途的幼儿教师们。这些发自肺腑的文字带着爱的温度。那一刻，我在想：这是对幼教事业怀有怎样的一种热情，才能在这样一个物质至上、享受至上的社会出淤泥而不染，把自己的全部精力投入研究幼教、传播教育、思考教育中去呢？！此时此刻，我也被这种纯净的、专一的、高尚的幼教情深深感动。这种感动不同于对偶像的崇拜，不同于对名人的敬仰，这种感动是一种内心的认同，是一种在平凡的生活中的震撼，是一种精神的洗礼。

　　人们常常好奇朱园长怎么能把一园六址的幼儿园管理得井井有条、各具特色。大家常说她有"三头六臂"，又会"七十二变"，才能把幼教工作做得风生水起。当然，如果不走近她，不走近丰台一幼，就很难猜透这其中的奥秘。幼儿园二层有一间不过几平方米的小房间，白天它与其他办公室一样毫不起眼，但每天晚上这里的灯光总是亮到深夜，桌子上摞着各种各样的本本，小小的办公桌前，朱老师永远是挺拔地端坐在电脑前专注地敲打着文字，或捧着一本心爱的书聚精会神地阅读，不然就是在本子上写写记记。新来的小老师路过时总是小心翼翼，生怕打扰了她看书，我们看到后会笑着告诉她："你尽管走吧，这里过辆坦克也不会让她从书中出来。"她，沉静时钻到"黄金屋"中雷打不动，兴奋时则像个天真的孩子又蹦又跳。每当她看到了好书，读到能够启发她的文章时，就像发现了宝贝一样，抱着书一路跑到我们的房间："哎！你们看看这里写得多好，人家的教育为什么成功，咱们要从这里借鉴经验。"这种如获至宝的快乐，源于她对每一件事的用心、用情投入，源于她对事业的执着、对知识的渴求、对教育的专注。天天在她身边，我们耳濡目染，渐渐被同化，脑子里除了学习就是思考，所有关于教育的问题都能够让我们为之振奋。

与一些外地的幼教同人交流时，提起园长的名字大家好像声调会立刻升高八度地感叹："噢！朱园长呀！我知道，我听她讲过课，讲得实在是太好了！""哎呀！朱继文园长，这个人可热情了，讲起课来特别幽默。"为什么呢？以前总认为讲课的好坏与学历的高低、专业职位的高低、知识的多少有关。然而，听的讲座多了，回想自己上学听课的好恶，才发现除了这些，讲课人的个人魅力，讲课人对听课人的理解和把握，讲课人的沟通和交流方式都影响着讲课质量。听过朱老师讲课的人都会发现这样三个特点：第一，她善讲故事，小故事中蕴含大道理；第二，她表现力极强，表情、声音、肢体动作，声情并茂，让人有身临其境之感；第三，她的教育理论和教育哲学来源于实践，在实践的基础上经过自己的内化，形成了对教育的独特感悟和理解，因此她能够自下而上，又能够自上而下，将理论与实践，融合互通。一个个通过亲自做、真实看、用心悟的案例，清新鲜活、以小见大、言近旨远，一线的园长和老师们更容易理解和接受。因此，不论是听朱园长讲课，还是开全园会，会场上绝对是彼时安静若无人、此时又笑声不止，连听几个小时也不觉得无聊无味。

虽然身为园长20多年，但她并没有远离课堂，她经常深入一线亲自给孩子们上课，40多岁的人在孩子们中间那种激情胜过刚刚毕业的小姑娘。生活中的朱老师更是热情，真是四海皆兄弟。无论是故时友人，还是陌路偶遇，都能诚心以待。

学习时沉静，交流时爽朗，研究时专注，讲课时风趣，交友时热情，做事时果断，工作时忘我，生活中简单……这就是我眼中的朱老师，她不仅是我的同事，更是我的良师益友。她的办园理念、教育思想、言谈举止以及为人处世的态度，时时刻刻影响着我。今有幸读到朱老师的新书《发现最好的自己：一位幼儿园园长的教育随想》，仿佛亲历故事其中，又仿佛与朱老师比邻而坐，听她娓娓而谈，犹如和煦的春风习习扑面、智慧的清泉款款入心。看着，读着，悟着，有恍然大悟、豁然开朗之感，原来，做人、育人殊途同归。

这名幼教中的"猪八戒"用自己生命之笔书写着"七十二变"的故事，在岁月的雕刻中细细沉淀，洗尽铅华、不忘初心，在幼儿教育这方寸土上尽情地绽放着自己的精神之花。让我们浸着花香一同走进作者的故事中，或许能够在领略别人的风景时留给自己一些回味吧！

陈彩霞

2017年5月

（作者系北京市丰台区第一幼儿园教师）

写在前面

一个教育者最主要的任务就是一件事，为身边的每个人点亮一盏智慧之灯，以期能发现美好的自己。

我做教师已经近 30 年了，总想着为教育留下点什么，随着年龄的增长、教育经历的增加，这种愿望也就更加的强烈。我能为教育行业留下些什么呢？能不能通过书籍来鞭策自己和教育者，对教育有一个深入的思考呢？我在心里不停地想着这几个问题：什么是教育者？教育者应该是个什么样的人呢？难道只有从事教师工作的人才是教育者吗？我对教育者有了新的理解和答案。所谓教育者，就是能够用自己的语言、行动、思想去影响身边人的人，它包括社会上每一个具有上述能力的公民。一直以来我都认为：社会中的每个公民都是教育者，都在潜移默化地感召着身边的人。孩子们少有价值判断和分析能力，或者说没有好恶的判断标准，就会自然地模仿，谨慎地遵循本能，通过教育者的言谈举止入脑入心，慢慢地，也就像一首歌中唱到的：长大后我就成了你。

作为教育者，应该如何做呢？我希望大家读了这本书后，能明确地知道应该如何传递正能量，如何用自己微薄的力量传递这样的信息——怎样做人、怎样做事、怎样学习、怎样求真、怎样弘扬中华民族的优秀传统。

本书写作形式是将发生在我身边的故事和自己平时的观察日记，有选择地呈献给读者，以引起读者的思考：我们用什么来影响身边的人？用什么来做教育？怎样才能成为优秀的教育者？我们想让孩子们成为什么样的人？我们希望孩子们成为什么样的人，我们自己首先就要努力成为什么样的人。过去通常认为教育者就是向学生传授知识的教师，"传道、授业、解惑"这样的认识是不完善的。我在这里强调的是人的自然行为的表达，是抛开知识传授以外的无痕教育，这就需要每个教育者都把自己最好的方面呈现出来，影响身边的人。其实在不知不觉中我们就像影印机，复制了一个又一个的自己，我们平时的状态、对人对事的态度、待人接物的方式等，甚至我们吃饭的姿势，都在影响着身边的人，正所谓"润物细无声"，但我们身边的圣贤境界不是每个人都能达到的。发牢骚的人在我们身边曾经出现，既然牢骚在所难免，我们就利用牢骚的效应，正确地对待牢骚，转化牢骚，化牢骚为动力，用我们积极向上的、乐观的态度，相互地欣赏，传递正能量。很多时候，我们经常会指责教育的失败，孩子学习不好怨教育、孩子的习惯不好怨教育、孩子的成绩不好怨教育，乃至孩子的身高不高还怨教育，是啊，教育真的太重要了，通过多年的教学管理经验，我发现没有不好的孩子，只有不好的教育和成人。我想问：教育由谁来实施？谁是教育者呢？我的答案是，在社会中我们每个人都肩负着教育者的重任，都承担着教育者的角色、思想和行为，都或多或少地影响着性本善的孩子们。这就需要每个人随时随刻做好自己。

如果我们都是以一个教育者的身份出现，就会从一开始就约束自己，逐步变成自然，进而形成动力定型，最终成为习惯。

承认自己是一个教育者，就要以教育者的身份去不断地思考，怎样给身边人正能量的影响呢？教育者应该有什么样的习惯会让自己、让身边的人受用一生呢？这也是我多次思考的问题。当您读到这里时，会不会也联想起您的思考呢？我想每一个人都会有自己的答案。我曾经问过许多人，尤其谈到自己孩子的时候，多数人都希望自己的孩子养成乐于学习、爱读书的习惯，乐于思考、爱探究的习惯，乐于健康、爱锻炼的习惯等，更希望自己的孩子快乐、幸福。那么，怎样才能拥有快乐和幸福呢？往往很少有人能够讲得清楚。

每个人对快乐和幸福的理解不同，自然就有许多不同的答案。在这里只能谈谈我的理解：我认为最重要的一点就是力争成为一个对社会有用的身心健康的人，发现美好的自己。希望读过这本书的每个人都会有深深的启示和收获，成为真正的教育者。让每个人都有人生出彩的机会。

本书分为四大主题板块，分别是健康、发现、成长、幸福，共71个案例故事呈现。我正是通过塑造健康身心、发现自我、享受成长、幸福工作一系列对教育的追求，达到对精神境界正确的认知，从而才能够达到发现美好、遇见美好、成就美好的自己。书中的内容还很不成熟，希望大家多提宝贵的意见。

朱继文

2017年1月

目　录

PART

02

发现

一点发现
一次蜕变的过程

心的遇见
就是最好的成长

PART
03

成长

PART
04

幸福

感悟
幸福就在一念之间

01 健康

生病前后

我的病床杂戏

　　生病是一件很痛苦的事情，如何对待生病？尤其是重病后的人生有什么样的追求和认识？怎样认识真正意义上的健康？这里都会有不同的答案，笔者给你不同的视角和思索。还清晰地记得毛主席在《为人民服务》中引用司马迁给其好友书信时的话语："人固有一死，或重于泰山，或轻于鸿毛。"这是毛主席在人生奋斗历程中，对生命价值的诠释，这种精神不仅支配着毛主席这位伟人的人生，而且也引导着一个时代的追求；不仅是毛主席人生实践的出发点和归宿点，而且成为中华民族思考生命价值和实现生命价值的支柱。毛主席对生命价值的理解所展现出的豪放性格、宽广胸襟、高远境界，涌动着一股永恒的生命之流；喷发着永远向上的生命冲动。这也是我要讲的生命价值和健康的意义。

_01
我也能生病？

2012年10月的某一天，恰逢教职工例行体检。在保健医生的多次督促下，我抱着完成任务的心态参加了体检。

到了体检中心，我按照事前的检查内容很快做完了血常规、心电图等体检项目，突然觉得肚子咕咕叫，听说307医院的早餐不错，我和同事像快乐的小鸟一样飞到一楼餐厅，好丰盛的早餐，有牛奶、面包、鸡蛋，可剥好的鸡蛋还没有送到嘴边，就听见大喇叭里传来："朱继文……请到X光室来，朱继文……"接着，一个年轻的女医生风风火火地来到就餐大厅喊："谁叫朱继文？朱继文在吗？"我四处望了望，没有人答应，难道是在叫我？！我疑惑地问："是叫我吗？我叫朱继文。"随着医生的盘问，我被请到了X光室。一个白发苍苍的医生，指着电脑上的头像，说："这就是你的头，上面有个黑影。"此时，我还乐哈哈地说："啊，这就是我的头呀。""你做过脑部手术吗？"医生问，我满不在乎地说："没有。""你的头部受过伤吗？"我开玩笑说："没有，没被门挤过，也没被驴踢过，嘿嘿。"医生被我的幽默逗笑了，之后医生又说："伸出你的左手，指指你的左脑袋。"我像个孩子似的，乖乖地举起左手，摸了摸左脑袋。他也开始开玩笑地说："那是左吗?"我脑子飞快地想难道我举起的是右手? 我左右都不分了? 看来脑子真是坏掉了。医生很郑重地说："你平时感到身体有什么不适吗?"我想了想说："没有啊。"医生又叮嘱说："千万不要拿自己的身体当儿戏，这两天赶快来医院做一个CT检查吧，看看那个阴影是什么。"我离开了X光室，或许是因为对医学一窍不通，无知者无畏吧，医盲的我早就把这件事情抛到了九霄云外，从小到大得过最大的病就是感冒，我身体这么好，难道还能有病? 我静下心来，谁也没有告诉，照常上班。因为我从来就没把自己和病人这个词联系在一起。在幼儿园里我常常被同事们笑称为"铁娘子"和"拼命三郎"，工作二十多年来，从没有因为生病休息过。今天，我莫名其妙地被医生宣判生病了!

_02
"被迫"住院

很快，我就被所有关心我的人护送住进了天坛医院。我的身体一直以来都像个牛犊似的，生病的事情好像也与我无缘，当然我对医院的环境也并不是很了解，刚在医院待一会儿就了解到了医院的样子，我可不喜欢医院的环境，在病房里每天都有生离死别，而在我的幼儿园，到处都能找到快乐。在工作中我遇到过各种各样的困难，每一次我都坚信没有什么困难是战胜不了的。突然面对住院，我却有些不知所措。外表阳光、内心脆弱的我，看到医院中被各种各样疾病折磨的病友和家属，再偷偷地观察一下病友的样子，嘴歪的、眼斜的、腿走不了路的、头耷拉着抬不起来的……我简直不敢再四处观望下去，也不敢离开自己的病房瞎溜达了，每每看到病友的样子、家人的愁眉不展与焦虑，心里就冲动地想从医院逃跑回幼儿园。

越接近手术的时间，想要逃跑的念头就越强烈。"能不能不做呢?"我硬着头皮去找陈医生，他倒是轻描淡写地对我说:"没事的，你的这个瘤子必须拿掉，但你不要害怕，这个病不算什么。"其实我最大的担心是害怕做完手术后成为嘴歪、眼睛睁不开、有后遗症的人。我跟医生解释：因为自己现在确实没有任何不适的感觉，要是做完手术以后我成为那个样子，幼儿园的孩子们肯定会不喜欢我，我还怎么与幼儿园的孩子们在一起呢？我简直不敢往后想，工作中的自信在这里完全被恐惧和胆怯占据。医生的话语在我脑海里反复回响："这两天您需要做一个细致的CT检查，再做一个加强的核磁，看看那个阴影多大，具体的位置在哪里，我们好决定手术的方案。"它像天空中的雾霾一样挥之不去，在我的心里一点点聚集，变成了可怕的阴影。我一直以为自己的身体很好，所有的病痛都和我无关，但这个脑子中的小小的黑影几乎在瞬间把我打倒。

我内心不愿意接受这个事实，因为我是那个在同事和家人眼里从来没被困难打倒过的人，可是在病魔面前却显得如此的渺小和柔弱。我不断地安慰自己，会好起来的，不会有事的，不管遇到什么事，我都要坚强地去面对，哪怕自己心里再害怕、再无助，我都要坚强地挺过去，因为我热爱我的生活，我有自己深爱的事业。我的身边有着太多的美好，有着太多的憧憬，我必须让自己尽快好起来，早日回到孩子们身边，感受更多的幸福。

_03
病房里的班子会

　　班子成员大都了解我的性格和想法：一是在医院想外出还需要请假，写假条，批假的医生还需要为我负责，我不愿意给医生添麻烦；二是就像自己的好友田丽说的，我是为幼教而生的，的确如此。大概大家是怕我孤单吧，都在想有没有什么好办法来安慰我，我说："最好的安慰、减压方式就是谈幼儿园的工作喽！"于是，班子会也就挪到了病房里。幼儿园工作很忙，我生病倒没什么，但让我最放心不下的是幼儿园的工作。虽然我知道班子成员早有这样的准备，园长越是不在幼儿园，就越需要大家每件事情都精心，不能让幼儿园出任何问题。同事们和我在病房里研究了五月份的教育思想研讨会的方案、网站的改版工作和假期的工作安排，像往常一样，班子会是在谈笑风生中度过的。旁边的病友也神采奕奕地听着、笑着，她们说："你们幼儿园的老师真有意思，我都被你们感染了，你这个人也真是少见，光着头，咧着个嘴，都住到这儿了，还能装着这么多事，笑得出来，你的心可真大。"护士看到我和同事们嘴里叼着棒棒糖研究讨论工作的样子，也被逗笑了。护士都说特愿意到我们这个病房来，因为总是有欢声笑语。我确实也理解护士的工作，整天与那些病人接触，就连笑肌都没有了。其实，住在医院，一个人的时候心里也有很多的无助，但当同事们坐在我身边，和我说起工作上的事情，我的病情带来的不安，仿佛一下子消失得无影无踪，和她们在一起总有说不完的话，既开心又充实。同事们不在身边与我谈工作的时候，我会与书本同行，消磨时间，转移注意力。住院是孤独的，不看书的时候，心里惦念着身边的每一个人，想着自己为之奋斗了二十多年的幼教工作。现在的我，就像被囚禁的小鸟一样，飞不出去，帮不了别人，也帮不了自己，这种对未来的无知，感觉好比针扎一样难受。但是，同事们的热情照顾与鼓励的话语让我重新燃起了希望，我能够清楚地感受到她们给予我的无私的爱与奉献，是她们给了我内心的支撑。经过一段时间的迷茫后，我冷静了下来，我必须要保持乐观向上的心态，与病魔抗争，只有自己拾起希望、鼓起勇气、振作精神，才能打败病魔。

_04
可爱的病友

　　我有一位病友，是一位70多岁的老人，一对儿女照顾她。有段时间我特别灰心，想逃避不做手术了，其原因无非是恶心、头晕、呕吐。只要是吐出去了，就跟没事人一样。这本来也不算什么事情呀。可我却异常的灰心，而每当看到这位病友换药的疼痛和做腰穿、抽脑积液时使用的长长的针插进腰里时，我的心仿佛都在疼，眼泪也止不住噼里啪啦地往下掉。为了不让病友看到，我只能躲进厕所流泪。

　　世界很大，住进同一个病房是一种"缘分"，和病友聊天也成为我每天必做的"工作"了。可能因为都是病人，也可能是教师吧，总能够体会到对方的心情与感受。这位老人的嘴是歪的，吃饭的时候饭菜总是控制不住地掉在衣服上，家人就给她围了围布，她每次都乖乖地吃许多东西，一会儿要吃水果、一会儿要吃面条、一会儿又要吃红薯，那可爱的样子俨然一个孩子，我很喜欢她。她总是会和我讲一些积极向上的话语，看着一位70多岁的老人顽强地与病魔做斗争，慢慢地，自己灰心的想法开始转变。自己也不断地告诫自己，一定要战胜内心的恐惧与无助。我试着问自己：我是一个悲观的人吗？我是一个胆小怕事的人吗？我是一个不敢面对困难的人吗？我不是！我在心里狠狠地告诉自己，睡一宿觉，眼睛一闭一睁就好了，这点小事算什么。病友在语言上、行动上、精神上的支持，给了我莫大的鼓励，也感染、影响了我，我打消了逃避的想法。困难已经摆在面前，就像以前在工作中遇到的种种困难一样，害怕没有任何意义，只有面对现实，从现在做起，积极配合医生进行治疗才能战胜病魔。住院这件事让我意识到健康的意义，健康高于一切，没有一个强健的身体，一切无从谈起。每个人都在社会上承担着一定的社会任务，有时工作任务还相当繁重。如果没有一个健康的身体，就不可能完成工作任务，还有可能被繁重的工作任务压垮，所以我们更要珍惜、爱护自己的身体，只有健健康康，才是人生最幸福的事情。

_05
飘落一头秀发，我依然美丽

手术前一天的下午，一位身穿蓝色大褂的人来到我的床前："20床，明天手术，现在要剃头，做好准备。"

我的心一沉，打量着面前的理发师，四五十岁的样子，胡子拉碴，给我一种不整洁的感觉，从外表看，我还真是不怎么喜欢他，也许是我的心情在作怪吧。为了留住自己一头秀发的美好形象，我又特意用手机给自己拍了很多照片，做了几个笑吟吟的怪样，逗得同病房的人大笑不已。

本来早已做好心理准备的，但头发刮下来的那一刻，我的眼泪还是不争气地往下流。头发一直是我的骄傲，一刹那，它们就荡然无存，那种感受是我一生也难以忘记的。除了忐忑，就是茫然，也为自己即将到来的手术担忧，这些错综复杂的情绪充斥着我的整个大脑。

病友们你一嘴、我一嘴地说："没事儿，过两天头发就长出来了。""头型还真的很漂亮，又大又圆，以后这就是世界流行发型。""你就是我们的偶像。""什么叫漂亮呀，剃了光头才能知道，敢与大明星宁静比美。"妹妹也开始调侃起来。

他们以为我是在心疼秀发，一直以来，阳光自信的我给病友们带来了无限的快乐，我希望用我的阳光消除病友们因病痛带来的阴霾心情，这才是真正的我。但是此时的我，笑容依然灿烂，内心却被淡淡的恐惧笼罩着。他们刮下的不仅是我所珍爱的秀发，秀发飘落的瞬间我失去更多的是健康和阳光。阳光的笑脸，幽默的语言，掩饰了自己内心的痛苦与脆弱，快乐可以与人分享，但是痛苦和不安只能自己默默承受。

病友们的话打断了我的思绪："朱老师，你的头发这么好，留起来做个纪念吧。"我正想请爱人帮我收集，理发师说："别留了！头发去了，病根也就没了。"

我想这是一个美好的祈盼，就是这样一位以前从未谋面、今后也许不会再见面的人，短短的一句话，给了我一丝温暖和一股坚毅的能量。理发师的鼓励让我觉得这个祈盼一定会实现的，他在我面前也变得可爱起来。可见，人在脆弱的时候，别人的一句安慰、一个细微的动作、一个阳光的表情都能给人以莫大的慰藉和鼓励。

晚上9点多了，病房的门已经关了，同事们还从单位赶过来看我。看到我的光头，赵秀敏的眼泪止不住地流，我开玩笑说："是不是看到我这么漂亮嫉妒呀？还是怕我逃跑了？这么晚还不回家休息？"我的一句调侃，打破了悲凉的气氛，大家都不约而同地说："剃了光头还是美女，而且是大美女！""那赶快与美女合影留念哦！"屋里的人全笑了。外表阳光的我总是在不经意间给大家带来欢乐，我不希望大家看到我的难过与恐惧，给别人带去快乐是我一直在做的事情，我怕大家因为我的情绪而受到影响。影响她们的心情，影响她们的工作，是我不愿意看到的。

夜深了，我辗转反侧怎么也睡不着，想想自己的头发，心里还是酸酸的。我一个人慢慢地品味着失落的苦涩，这样的事实到现在我还是不太能够接受，这一次我真的有些害怕了，我怕我没有信心撑下去，怎么越临近做手术人会越脆弱呢？

_06
帅哥医生的鼓励

　　下午，我乌黑秀丽的长发被剃掉了，成了光头。技术精湛、做事严谨的陈医生，用幽默的语言化解了我的紧张心情："看，咱们20床都不用点灯了。"陈医生值夜班，脖子上挂了一条皮尺到了我的病室，"裁缝来了。"我们半开玩笑地说，"您这可是顶级的裁缝，能拿人的身体裁剪，尤其是头，这可是最重要的地方。"他笑笑："说的也是啊，自己还真没有感受呢。"他精益求精地对照着核磁片子，拿着皮尺一一对应地边测量边用紫药水在我的脑袋上画了起来。我看他倒像个画家，我老老实实地不敢有丝毫的动弹。大概用了半小时，一幅杰作告成，陈医生在我脑袋上找准了瘤子的位置，告诉我："这个瘤子是3cm×2.7cm那样大小，不用害怕，是个小手术。"他还在我的头上画上了个重点符号。我开玩笑地说："陈医生，明天我可把脑袋交给你了，就是因为你长得帅，我才把脑袋交给你，相信明天我的手术你也一定做得很帅！"病友也接着说："你可真是老师，都这样了还赞美呢。"

　　陈医生长得真是很帅，但在我看来不仅仅是外表帅，更多的是心灵"帅"，他的每一句话，对我来说都是莫大的支持与鼓舞。人在面对病魔的时候，心情是低落的。处于无助期待的我，医生的每一句话对于一个病人来说都是至关重要的，特别是在心理上。我是幸运的，我遇到的医生个个专业、技术精湛，对病人还很亲和，他们给予我很多心灵上的抚慰与疏导，让我重新捡起了信心。

_07
用脑袋画成的画

　　虽然听家人的话，为了有精力接受第二天的手术，我早早就躺下了，但这一夜却难以入眠。等到灯熄了，难以名状的泪水又从闭上的双眼流到脸颊。我极力控制着自己，不想让家人、朋友看到我的脆弱。我尽量想些开心的事情，让开心事占据我的大脑，不知不觉迷迷糊糊地进入了梦乡。醒来的时候，本来沉闷的心情被眼前的一幕惊呆了，雪白的枕头上分明画出一棵枝繁叶茂的大树。我激动地叫家人来看，我不敢相信自己的眼睛！仔细地观察着这幅作品，原来那是昨夜医生在我脑袋上涂的紫药水，自然地在那白色纯棉的枕面上晕染开来，我开心、兴奋极了。而这神来之笔却来自我的已经失去头发的脑袋。刹那间，我被自己的杰作打动了，不！应该是震撼！此时的沉闷心情早已被抛到九霄云外了。

　　一直以来，我们将幼儿园的文化内涵定位为红杉树精神，它那坚韧不拔、永远向上的精神一直激励着我和我的同事们。今天，当我失意彷徨之时，这不正是代表着生命、象征着生机勃勃的大树吗？它是在告诫我：塞翁失马，焉知非福。生命源于顽强，脆弱不是你的风格。别人的帮助往往是外在的、辅助的，真正的强大来自自己的内心，内心的强大会让一个人冷静，永远保持清醒的大脑，无论面对的是什么，都要坐得住，也熬得住。只有战胜了自己内心的懦弱和退缩，才能够更加有勇气去面对未知和挑战。虽然注定会经历数不清的困惑和挣扎，但是我相信，只要坚强、努力，最后的胜利一定会属于我。

_08
永远的 "OK"

手术当天我是早晨7:15被推到手术室的，我不让大家来，但大家为了鼓励我，给我打气，都在6点多就赶到了医院，映入我眼帘的是一张张朋友、同事和亲人的笑脸。小齐、毛晓洁、王玲、王秀莉、爱人……围在身边。本来想自己走着去手术室的，但是医生、同事都说我穿得太少，不允许，只穿一身病号服的我只好乖乖地上了手术床，被捆了起来，推到2楼手术室。离开的时候，我跟老师们做了个 "OK" 的手势，别小看这么个手势，这是一个幽默故事，每个人都理解其中的含义！这个 "OK" 手势使电梯里立刻充满了欢声笑语，这个 "OK" 的手势为我进手术室也营造了欢乐的气氛，打破了大家表情凝重的局面，我们忘记了悲伤与流泪。这是术前我给大家最好的礼物，这是勇气、智慧、成功的手势。

手术室里有两个护士和一个麻醉师。护士问我："您害怕吗？"我说："有一点儿。"说实在话，虽然我已经做了充分的心理准备，但还是被手术室的情景吓住了。护士安慰我说："别害怕，一会儿我为您服务。"我像个幼儿园的乖宝宝，按照护士的要求把衣服脱下来，躺下……在不知不觉中手术就做完了。当我醒来的时候已经是12:30，只听见医生之间的互相聊天："把她推进病房吧。"晚上，吸氧机响了一夜，我头晕、恶心，难受了一夜。天黑了，就像可怕的病魔要把我吞噬一样，我一直不敢入睡，也睡不着，还不停地恶心、呕吐，两个妹妹和爱人一刻不停地在身边照顾，我闭着眼睛，焦急地等待天明。我总是希望把所有的快乐留给身边的人，可是自己心里却有着一大块石头很难落下。虽然医生告诉我手术做得很成功，但是害怕、恐惧依然压得我喘不过气来。术后反应使自己难受得不知所措，但我在心里时时刻刻告诫自己：必须要坚强地挺过去，必须要勇敢地去面对，如果连勇敢面对的勇气都没有，未来还能有希望吗？就这样，我在心里一千次一万次地对自己说："我要努力！我要坚强！"

09

给自己正能量

　　手术后的第二天，我被拔下了尿管、氧气瓶、心脏血压监测器，第四天拔下了脑液外流管。夜里，我的脑子里乱极了，主要是怕自己伤了脑子，不能够工作。失去工作是一件多么可怕的事情呀！我还偷偷地给自己出了几道计算题，检查一下脑子还会不会算数，回忆一下过去的事情，是否还能够记起……看看自己的记忆力是否完好无损，想尽一切办法证明自己还是原来的自己。这样的努力虽然在他人眼里可能很滑稽，但是对于我来说，对于一个刚刚做完脑部手术的病人来说，每个小小的努力都能让自己获得一点点欣慰。

　　其实，我知道，战胜自己最困难，只有自己才能战胜自己。

　　每到黑夜，头枕在枕头上，我都感觉头沉甸甸得像个铅球，太阳穴带着伤口嘣嘣地跳动，外面不能有一点的声音，哪怕只是一个开门声，一个暖气管道的水流声，一个人吃东西的声音，开一次灯的开关声，都声声刺耳，让我焦躁不安，心烦无比，这种煎熬真是让我数着秒在过日子……

　　但我相信，我会一天天好起来，因为，我的心中有美好的希望。我在心里一直想：我必须要好起来，我也一定能够好起来。记得美国作家欧·亨利在小说《最后一片叶子》里讲过一个故事：病房里，一个生命垂危的病人从房间里看见窗外的一棵树，在秋风中一片片地掉落下来，病人望着眼前的萧萧落叶，身体也随之每况愈下，一天不如一天。她说："当树叶全部掉光时，我也就要死了。"一位老画家得知后，用彩笔画了一片叶脉青翠的树叶挂在树枝上，最后一片叶子始终没有掉下来。只因为生命中的这片绿，病人竟奇迹般地活了下来。我想：这就是信念的力量，正能量的力量。

　　人生可以没有很多东西，却唯独不能没有希望。只要心存信念，生命总会释放正能量，生命总有奇迹发生。信念是一根巨大的精神支柱，它支持着人们生活，催促着人们奋斗，推动着人们进步，正是它，创造了世界上一个又一个的奇迹。悲观和乐观总在一念之间，它们给人的指引的确是两条完全不同的路，特别是在病魔故意要捉弄你的时候，坚定的信念、乐观的心态、不灭的希望就是你与病魔斗争的利剑。信念就是我生命的源泉，我相信在它的帮助下，成功一定会属于自己。

_10

脑袋上多了个紧箍咒

手术后，我的脑袋上紧缠的绷带与网套就像孙悟空戴上的紧箍咒，箍着行动，箍着心情，再有本事也跳不出如来佛的手心。每天医生都是乐呵呵的，不紧不慢地给我换药。上午我的病情、心情都还好，可到了中午眼睛开始不舒服，准时开始发烧，晚上输液，基本上是到深夜两点左右。毛老师打趣地问我："被人照顾的感觉很好吧？你是喜欢被人照顾，还是靠自己的劳动呢？"是啊，平时不是总抱怨没有人关心和照顾我吗？总是想体验被人照顾和重视的感觉吗？平常力求亲力亲为的我哪里受过如此的礼遇呀！现在我才更深刻地体会到事事靠自己，自己能动、自己能干是多么幸福和快乐！失去了才知道什么是珍贵，失去了才会从心里去珍惜。人只有健健康康的，能够做自己想做的事情，能够用自己的身心去帮助别人，才能体验到真正的快乐和人生的价值。当到了必须被人照顾的时候，内心的焦虑和痛苦只有自己才能够体会。

我想，健康就是人生最大的财富，拥有健康就是最大的幸福。长久以来，许多人都以为健康是廉价的，健康是人生命的随赠品，可以享之不尽、用之不竭，可以对它置之不理、不闻不问。殊不知，如果说与生俱来的健康是你的幸运，这份幸运也不是永远馈赠于你。它就像你的合作伙伴，你要关注它、珍惜它、善待它、维护它。因为它并不是你的终身伴侣，当你忽视它的存在、违背它的意愿，它或者立刻或者早晚会给你颜色看，甚至会弃你而去。当它彻底地离开时，是那么的无情和残酷，不留半点情面。可见健康是要靠自己去争取的，这次的教训使我警醒。这段时间的艰难和苦痛告诉我，要关注自己的身体，更要提醒幼儿园里的老师们。要普及健康知识，树立健康理念，倡导健康的生活方式。为老师们创设锻炼的机会，使每位老师都能成为健康的使者，这样才能更好地投入工作，用开放、乐观的心态迎接各种挑战，用健康的体魄迎接每一天。虽然我的脑袋上多了一个紧箍咒，我无法松绑，但生命的紧箍咒，只有自己能为自己松绑。

11

医人与育人

在医院的日子里，每天医生和护士都会按时、按计划地查病房，询问病人的需求与愿望，并尽力为病人服务，这已经成为他们常态的工作。作为一名病人，我深深地感受到了他们认真、负责、专业、敬业的精神。

借鉴是自己多年来管理上经常运用的方式。作为一名幼儿园的管理者，他们的行为让我深有感触。我用眼睛当镜头，把在医院看到的一幕幕都一一记录了下来。

每天早晨8点是雷打不动的领导和所有医生、护士巡班时间。我分析了这样做的三大好处：一是能够听到被服务者的第一声音。二是能够解决他们当天需要给予帮助的问题。三是这样既能够关心温暖每一个人的心灵，又能发现近期的问题，这是领导深入基层、服务基层的最好体现。这些做法对于同为服务行业的幼儿园来说也是可以借鉴的。例如，我们幼儿园可以通过每天上午的巡班制度在上课之前了解老师们的愿望、困惑和想法，从而更好地倾听老师的声音，为她们解决问题，对她们的工作给予支持。

镜头一：温情流露——在医院，医护人员的热情深深打动了我，每一个医生和护士对待病人就像对待家人一样：我们家的小朱今天身体好多了吧？慢慢地起来晒晒太阳吧？我今天帮你换换床单吧！称呼的方式亲切、说话的方式温和，让怀有担心、恐惧的病人体验到了家的温暖。我们的幼儿园面对的是孩子和家长，我们的老师如何通过自己的一言一行、一举一动取得家长们的信任和孩子的喜爱，是我们需要研究和学习的。

镜头二：10分钟会议——医院每天早晨的10分钟碰头议事制，用10分钟的时间把前一天的问题做个总结，把当天的工作做个重点安排，方便了各部门之间的相互配合，从而更好地开展工作。在我们幼儿园，领导班子也可以通过每天早上10分钟的碰头时间来总结前一天的问题，并安排好当天应该做的重要事情，方便每个班子成员统筹合理地开展工作，并强调了分工与合作。

镜头三：查房的故事——每天的查房工作，医护人员会细致地检查各个角落，例如，病人的柜子上、床上不能放很多东西，床单要干净、整洁，病人的床单脏了，他们会积极主动地帮忙更换并清洁；还会四周巡视，发现不安全的隐患马上整改，确保病人在一个舒适、安全的环境下养病。这些小小的举动和日复一日的坚持过程深深打动了我。作为一名医护工作者，他们的职责是治病救人，他们手中握住的不仅是用体温温暖过的手术刀，更融入了他们高尚的职业道德和精益求精的敬业精神。他们所医治的不仅是病人身体上的痛苦，更是在用自己的仁爱安抚着一颗颗脆弱的心灵。作为幼教工作者，教书育人是我们的责任，职业道德的坚守、敬业爱业的坚持、专业品质的追求、真情爱心的传递，都是我们必须做到的。可见育人和医人是息息相通的呀！

_12
生病后的反思

人总是会生病的。躺在床上，不要说头痛，浑身的骨头都是痛的，翻来覆去怎么躺着都不舒服，就连满嘴的牙齿都好像不是自己的一样，不是肿就是胀，说不出什么滋味，左思右想也没有什么好吃的可以入口，茶饭不思，发烧烧得天昏地暗、眼冒金星、满嘴的燎泡，真是有气无力，那张脸肿得把平时开玩笑讲的像牛一样大大的眼睛挤得只剩下一条缝……这时你会想什么？我们肯定会想：我这整天累死累活的是为了什么？我这没黑没夜的是为了什么？等这次病好了可得要悠着点，不能这么玩命工作了，身体是自己的，没有好身体，其他的都是零，你这么作践自己是为什么呢？是呀，许多人都这么劝过我，这也是身边的许多好朋友经常在耳边说的话题，也是许多人都爱问的话题。今天，自问一下自己，为什么呢？做一线的幼教管理者虽然没有令人炫耀的收入，没有显赫的地位，也没有羡慕的成绩，很少被人理解，但这就是自己愿意为之付出生命的事业！近些年，虽然国家早已经把学前教育作为基础教育的组成部分，但在许多人心中还会认为幼儿园老师就是个哄孩子的，就是这么一件事情，让自己用一生去研究它，为它执着地去付出、去不懈地追求，是什么魔力支撑着自己呢？过去别人问到这个话题自己总是一笑了之，说实在的心里真没有什么答案，就是喜欢孩子，看到教师进步就高兴，看到孩子开心自己就快乐。答案从自己生病以后好像越来越清晰了，我似乎找到了答案——那就是为了自己的生命更有价值和意义。现在人们都在大谈养生，电视台的养生节目也是络绎不绝，大概是随着年龄的增长，我对养生又有了新的认识：我认为养生有生理养生、心理养生、精神养生、哲学养生等，决定人生命的意义在于精神养生和哲学养生，生理养生靠食物的考究，主要养身；心理养生靠节制人的欲望，主要养心；精神养生靠学习，主要养情；哲学养生靠智慧，最终让我们学会的是明理。生理、心理、精神健康才是最大的健康！原来与孩子在一起，与事业相伴，才会有健康，才是真正的养生啊！

_13
真正的健康

美国心理学家埃利斯提出了著名的"情绪ABC理论"：A是事件（activating event），B是想法（belief），C是情绪（consequence）。"情绪ABC理论"认为：不是事件A决定了情绪C，而是对事件的看法B决定了情绪C，真是个很有意思的情绪理论。

如某一天晚上，我感觉头又很痛，伴随着恶心、呕吐，实在不想离开那张床，但想起爱人就要回来了，而且那天是他的生日，就想给他个惊喜。于是我咬牙起床，把生日蛋糕准备好，斟满红酒，准备几个凉拌菜。一切准备就绪，我给爱人打电话让他早些回来，可是他说今天在外面有个应酬，稍晚一些回家，如果是你，会怎么想呢？你也许会想：我为了给你过生日，拖着生病的身体给你做饭，你还不回来，我看任何朋友都比我重要！牢骚满腹，生气、愤怒、郁闷的情绪油然而

生。而我呢，会心生体谅、爱怜的情感，谁工作了一天不想回家吃顿可口的饭菜呢？谁不愿意晚上回家陪陪孩子和爱人呢？可自己的爱人却忙得连回家吃饭、过生日的时间都没有了，他为了我们这个家付出得太多了！我这点头疼脑热算个什么呢？那真是天空飘来五个字：那都不是事。想到爱人满心欢喜的样子，一切病痛都会烟消云散。我想：两种不同的想法肯定会产生两种不同的态度，也培养出了两种不同的爱人，进而塑造了两种不同的家庭。对这件事的想法影响了我的情绪，良好的情绪会把病痛赶得无影无踪。

试想，如果我们把爱人当作我们管理的教师队伍，把家庭当作我们的幼儿园，就不难看出，管理者的态度、情绪对团队发展产生的不同效应。我们日常工作中对事件不同的想法就会有不同的情绪表现，这样管理者所管理的团队就会不同，也就是对事件的想法所导致的情绪上的不同。管理者需要不断地磨炼自己，形成对事件的正确态度和观点。我想告诉大家的是：生病不可怕，可怕的是对待生病的态度、想法以及情绪！幼儿园有问题不可怕，就怕园长没有"医治"的想法和能力，视而不见，随波逐流，得过且过。

总是想着、喊着让自己注意身体健康，至于怎么注意？如何注意？就没有了想法，这是最可怕的事情。难道什么都不做了，每天只是休息，游山玩水吗？羡慕别人的吃喝玩乐就能身体健康了吗？健康要从想法开始，健康要从情绪开始，健康要从美好的心境开始，如果我们愿意以别的视角看待健康，也就改变了健康在我们眼中的形象，这样才能心知肚明——什么是真正的健康。

_14

最好的养生是劳动

　　幼儿园里有一片小菜地，许多时候大家都因为忙碌无人问津，常常是荒了菜园。教师每天忙着书写备课、忙环境布置、忙材料的投放、忙活动的开展、忙反思笔记。忙碌的烦恼也会接踵而来。假如我们思考的问题始终得不到满意的答案或是一件事情遇到了瓶颈，感觉很累，那么我教给大家一个能够给你增加能量和潜能的方法。此时，你不妨将思考的问题放下来，做一些力所能及的家务或从事一下体力劳动。在幼儿园收拾一下小菜园，对我来讲，就成了一件常事，当然，也可以擦擦楼道、拖拖地什么的。我把这个时间当作自己的休息时间，当作自己放松心情的时间，每当楼道或办公室被收拾得一尘不染，或是看到自己亲手种植的蔬菜结出果实的时候，喜悦的心情难以言表。思维也好像活跃了很多，灵感也是一个接着一个地出现，难题也有了满意的答案，迎刃而解，难事也有了圆满的解决途径。

　　其实，这个道理很简单，当我们四肢动起来的时候大脑恰恰得到了休息和充电，动得越多，电充得就越足，思维就会越活跃！身体也会充满活力！劳动创造了世界，劳动成就了人类。的确如此，许多百岁老人，都是自食其力地生活或是热爱运动的健将。我这样的想法、做法自然地传播开来，班子成员、老师们也都争相效仿，扫地擦地、收拾公共教室、操场上捡石子、菜园里收拾蔬菜……常常会看到大家快乐的劳动情景，大家把劳动当作健身、放松心情的最好方式，劳动既健身，干净又舒心，何乐而不为呢？

　　园长的思想、智慧、信念会在教师的身上传递。原来人们总在谈论如何养生、吃什么、喝什么，哪知道最好的养生是劳动呢！看来养生需要从劳动开始。

_15
唤醒精神健康的梦想

　　突然接到朋友的请柬——星期天下午3点参加她的绘画创意展的开幕式。吃惊！吃惊！太吃惊了！一个做园长的整天忙得不可开交的人，竟然还有时间绘画？能画成什么样子呢？打电话先去祝贺吧。朋友在电话那头笑道："什么大画家，只是喜欢、爱好而已。"出席画展开幕式的人还真不少呢，几乎都不是我们幼教界的人士，很多都是书法界、美术界的艺术家，他们许多人都与我这个朋友打着招呼，朋友很热情地迎接着每一位宾客，来宾们对朋友的绘画作品也是高度赞赏。开幕式结束后是个小型的茶话会，来宾们有说有笑，相互交流。听到有人窃窃私语："真没想到，把幼儿园办得那么好，还有时间绘画，简直成了书画界名人。""你看她的身上还真有艺术家的气息呢。"是啊，朋友在聊天时讲出了自己的心声："绘画是我多年的一个梦想，如果一生都没有机会做自己感兴趣的事情，那将是一辈子的遗憾，我会后悔莫及的。我把做教育的时间当作是为了追求快乐和幸福，平时绘画展现出的则是我向着梦想出发的那一面。把教育与绘画的人生结合起来，让我乐在其中，享受其中！"

　　朋友的幸福溢于言表，我也分享着她的幸福。其实作为女人，到了我们这个即将要奔五的年龄，主动寻找并发现快乐才是最难的，也是最重要的。发现快乐、享受快乐是我们这个年龄的人所应该拥有的！我们每个教育者都会有不同的梦想，也有自己的理想追求，只不过有时会被许多事物牵绊着，没有时间去享受、去追求自己的梦想。幼教界的伙伴们，让我们马上行动起来吧，找到自己的人生目标并不懈追求，这将是指引我们通往精神健康的路标。

02 发现

一点发现

一次蜕变的过程

　　人生的很多乐趣都来自专注，无论是写一篇文章、听一段音乐，还是读一本书、跟一个人交往，专注带来的乐趣是非常纯粹的。做自己的主人，倾听自己心灵的声音，不要让浮躁把自己的心带走。发现听觉的魅力，通过聆听，感受教育的智慧；发现视觉的魅力，通过观察，关注教育的改变；发现触觉的魅力，通过操作，体验教育的价值。每一次都是蜕变的过程。

_16
培养好习惯

作为园长，我们都希望自己幼儿园的老师是杰出的、优秀的，希望孩子在自己幼儿园的感受是幸福的。为了能够让孩子遇到使他们感到幸福、快乐的教师，幼儿园的管理者要不惜精力和财力对教师进行全方位培训，希望多培养出一些家长和孩子心目中的好老师。但近期我看了哈佛大学一个颠覆性的研究《挑一个好老师比培训一个更容易》，用数据驳倒了"教师经验越丰富教学越成功"的普遍观点，教师的能效性与经验无关，而与教师的热情与激情、耐心与投入、乐观积极的态度、宽广博大的内心、对教育的认知和自觉有关——这源于"人"的自我修为。如何培养教师积极的自我认知和自觉的力量呢？我认为：习惯比培训更重要，只要我们自觉养成良好的习惯，就能让自己真正地靠近优秀、接近优秀，让自己优秀起来！这不是简单的培训就能够得来的。其实，一直以来我和老师们都养成了以下习惯。

（1）遇到事情，第一个反应是找到解决的方法而不是寻找帮助自己解脱的借口。

（2）不依靠脑袋记忆，而是每天把第二天要做的工作都写下来，提前做好计划，养成勤于动笔的好习惯。

（3）每天至少提前10分钟到达工作岗位，做好当天计划的准备。至少推迟10分钟下班，做好当天的日志梳理。

（4）恪守诚信，身体力行，适当给自己加压并想到、说到、做到。

（5）每天回顾当天的工作时，不论任何方面，都要找到成绩和收获，并对自己给予鼓励，要求自己每天必须进步一点点。

（6）每天整理工作笔记，主动反思，自我检查，回顾教育过程中出现的问题。

我想：只要有了这几个习惯，我们就每天能向优秀迈进一步。教育者们不妨试一试，这是我多年来形成的习惯，经过实践、尝试，还是很有效果的。

_17
幼儿园不需要"情老"

　　幼儿园教师从事的是一项永远有情、有意的事业。情感变"老"是一件很怕的事情。"情老"是一种什么样的现象呢？很难形容，就像有的人，对一切事情都没有兴趣，对什么事情都是冷冰冰的，木讷，没有任何的表情，好像什么都已经看破红尘，没有了热情与疯狂，没有了执着与追求，对事物的看法迟钝了，做事情缓慢了。"情老"就像已经燃尽的木炭，不会再有火苗蹿动，不会再有高热量发出，火虽然还没有燃尽，那一堆灰中还有红色的火星，但也只是有气无力地闪动。我想：人的心理年龄有老的阶段，岁月也有逝去的时候，但做教育的情怀、心理年龄与精神年龄应该永远充满青春的气息，做教育要求我们对孩子的情感流露永远都不能衰老。

　　幼儿园总会有一些教师对工作没有什么激情，找她工作上的问题，好像也没有什么问题，就是没有什么创新，对什么都不感兴趣，一天的工作按部就班，日复一日，与孩子在一起没有什么快乐和嬉戏，从外在的感受上也看不到这样的老师有什么事业的规划和想法。针对这样的一种人，我们把他们称作"情老者"。幼儿园要不断地培养教师做永远有热情和激情的人，永远有一颗与孩子一样成长的童心。教育者应该经常审视自己是否有情感变老的趋向。如果有了，教育者就需要调整心情，找到出现"情老"问题的原因，逐步改变。

我想，树立良好的园风，班子成员时时、事事、处处以身作则，率先垂范，做好全园师生的榜样，起好模范带头作用，应该会有利于防止团体中的"情老"现象。从教师中来，到教师中去，是行之有效的工作方式。当教职工合理的诉求得到尊重，好的意见建议得到接纳，他们才能体会到做主人的荣誉感和自豪感，增强责任感、使命感，升华自身的情感。教育者的生理年龄可以老，心理年龄、精神年龄、思维年龄不允许老，情感更不能老！这就是幼教人！

_18
不打扰
——发自内心的关怀

　　我经常发现老师们会加班加点地工作，每次晚上八九点的时候还有教室亮着灯，悄悄地靠近窗户，透过灯光就可以发现老师们安静而又忙碌的身影。每当这时，作为园长你会怎么做呢？除了心里的感动，为教师自身努力追求进步的窃喜，还会用什么样的方式对教师进行鼓励呢？过去，我原以为教师乐于让园长发现她们对事业的爱与执着，后来的一次老师之间的对话给了我深深的启示："每次朱老师都这么晚离开幼儿园，还是挺辛苦的啊。""是啊，每次晚上我们班在研究工作时她总会出现。""她总是会很关心我们的生活，还经常会拿些好吃的到我们班看望我们。""上次朱老师进班里，我都不知道，发现时吓了我一大跳呢。""有园长妈妈的问候虽然心里感觉很温暖，但总是在寒暄中耽误时间，会打断思考的连续性。"这段对话给了我深深的震动，是啊，我总是站在自己的角度去思考问题，把关心教师的身心放在心里，想极力地发现教师的进步和闪光点，用自己的方式表达对教师的关爱。我自认为老师们想得到我的认可和赞美，却不知，研究型的教师团队已经形成，关心她们向内涵发展，给她们成长搭建支架，为她们创设发展的空间，站在教师的角度思考她们的需要，是她们更乐于接受的，表面的寒暄、关心对她们而言并不是成长所需要的。管理者用什么样的方式关心爱护老师才更能贴近她们的需求，还真需要我下一番工夫呢。

通过观察我发现，老师们需要研究的专注性，极不喜欢园长到班里这样的鼓励与寒暄，了解到她们的这种心理后，我会刻意减少到班里的问候以及对教师加班的表扬，尽量地按捺住自己对教师研究的肯定，尊重她们自发的、自愿的、自觉的、执着的对待事业的心情，不去打扰她们思维的连续性、思考时的专注性——除非她们主动叫我帮助做些什么或解决什么问题，否则我绝不去打扰她们。于是，很多时候我总是把平时自己发现的老师们取得的成绩及需要、自己的指导想法及看法、为教师发展提供的相关资料等提前放在老师们的办公桌上，就连晚上怕老师们不吃饭饿着，都是下午提前把面包、水等吃的放到她们的办公桌上。这样做完全是为了让老师们省去应酬我的时间，我想这更是对她们的一种尊重与理解吧。

我是在用一种别样的方式，表达自己对教师的关心与爱护，那就是不打扰。不打扰不仅是一种别样的关心，也是一种发自内心的理解之爱！

_19
向身边讨厌的人学习

　　做管理者经常会有讨厌的情绪存在，如讨厌教师不努力工作、讨厌
教师只知道外在的臭美，看到某个人就感到不顺眼、心里不舒服……我
经常会自问：都是自己身边的同事，这种讨厌别人的情绪是怎么有的
呢？是不是自己的内心让人更讨厌呢？所以我尽力地控制自己的这种情
绪，不让它溜出来。后来自己查阅了许多的资料，才知道讨厌的情绪是
因为别人身上有着与自己不同的东西，包括性格、为人处世的方式、态
度等。那么，我们明明知道生活中有许多的不同，应该怀着包容、接纳
的心态对待身边的人，为什么一遇到事情就做不到了呢？是什么原因？
是自己的修炼还差得远。

　　如果我们讨厌的人在事业上成功，我们应该有这样的认识，她的成
功可能就是由于她身上的这种"讨厌"。比如，小时候我就很讨厌《红
楼梦》里的薛宝钗，认为她心机深沉、口若悬河、步步为营，是她害死
了可爱率真的林黛玉；长大后再一分析，感觉薛宝钗也不是什么坏人
呀，她只是一个会平衡关系、善于处理人际关系、圆滑的人。社会需要
任何类型的人，每个人都有自己的价值，我们做园长的不经常会说这样

一句话吗——把适当的人安排在适合的位置，人尽其才。如果我们怀着这样的认知，就没有了讨厌的情绪。

当我们把"讨厌"放到一边，理性地看待问题，就会发现，原来讨厌的人能够游刃有余地工作和生活，正是因为身上具备了让我们"讨厌"的因素。我现在更想告诉大家的是——这应该是一种需要我们去学习的能力。所以，讨厌是我们不太理性的情绪，是出于狭隘、自私和嫉妒的一种不良情绪。如果我们在生活中总是有这种讨厌的情绪，那么，就会看到许多不顺心、不顺眼的事情，这恰恰也说明我们自身存在的问题。完美的化身是不存在的，人们必须面对与他人的种种不适。

我有这样的观点和认识：在工作中伴随着快乐和幸福的不是智商，而是情商的高与低。我们要有一种忍让、宽容、分享的精神，克服"讨厌"的情绪，以一种宽容、开放的态度融入集体、融入社会，对任何一个人都要抱有虚心学习的态度，向他人学习我们不具备的才能，把讨厌变成积极的情绪体验。

在没有氧气的地方，厌氧菌就会横行。学习就是给氧和杀菌。没有人可以取悦所有人，让我们讨厌的人也有我们可取的品性。你讨厌过他人吗？又是怎么做的呢？记住一句话："请你讨厌的人喝个茶吧，不要单单请你喜欢的人。"其实，这是一种包容、接纳的胸怀。

_20
选择教育就要时刻凝视灵魂

记得曾经看过这样一个故事：一个年轻人与一个盲人去捕猎，他们走进灌木丛中，那里的树木生长密集，是许多动物的藏身之处。盲人虽然看不见，但能够辨别出许多动物的声音。他们都在不远处设置了捕鸟的网。第二天，他们回到捕鸟的地方，还没有靠近网鸟处，盲人就兴奋地说："我们捕到猎物了，我已经听到了鸟的叫声。"年轻人先走到自己的网子跟前，他看到了一只小鸟，他把小鸟放在随身携带的袋子里，然后走近盲人的网子，他对盲人讲："你也捕到了一只小鸟。"

盲人的鸟有着非常奇妙的颜色，羽毛五颜六色的像彩虹一般漂亮极了，年轻人从来没有见过这么漂亮的鸟，就弯下腰，取出盲人的鸟，心想：盲人也看不到这么漂亮的鸟，何不把我袋子里的鸟与他的更换一下呢？然后它迅速更换了鸟，并对盲人讲："这是你的鸟。"盲人接过小鸟，他的手指抚摸着小鸟的羽毛和胸膛，然后一言不发地把小鸟放进袋子里。

回家的路上，两个人停在树下休息，年轻人对盲人的智慧佩服不已，两个人攀谈起来，他问盲人："为什么人们之间会有这么多的不信任，会互相争斗呢？"盲人沉默了一会儿，年轻人感到盲人那双看不见东西的眼睛仿佛正在凝视他的灵魂。

"人们争斗，相互的不信任是因为他们把你刚才对我所做的变成了怨气。"盲人平静地给出了答案。

这话使年轻人震惊而又羞愧。他努力地想尽快扭转这种局面，始终也不知道怎么回答。后来，他悄悄地拿出那只色彩艳丽的鸟与自己的鸟又更换过来。

盲人用手轻轻地抚摸着那只鸟，开心地笑了。在交流中，年轻人又问："出现矛盾的人们怎样才能成为好朋友呢？"盲人笑着说："只要他们做了刚才你所做的事情，就会再次成为好朋友。"

我想：教育也是如此，我们千万不要把孩子当作盲人，他们都有一双明亮的眼睛，时刻洞察着教育者的一举一动，与孩子们在一起，我们要经常洗涤自己的心灵，要时刻凝视自己的灵魂。当我们蓄意地欺骗，缺少了真诚，那我们就种下了怨恨的种子；当我们真正意识到对别人的伤害而真诚悔改时，我们就会收获玫瑰的芳香。

教育者要时刻凝视自己的灵魂。

21
做一个能讲出细节的人

　　每当老师们绘声绘色地讲述孩子们身上发生的小故事时，听众无不为她们深深的爱所感动，她们的言辞中没有一个词汇谈到了对孩子的爱和理解，但是她们与孩子之间发生的小故事，无不渗透出她们对孩子的深切的爱，我被老师们能够关注到孩子的每个细节感动着。

　　说实在的，每天我都喜欢听老师们讲班级里孩子们的故事，这已经成为我的一项常态的工作。其实，刚开始做这项活动时产生了一个特别可怕的问题，那就是教师叙述孩子们的生活时没有细节，总让人感受不到欣喜和激动，这使我一度很懊恼，怎么办？为什么会出现这样的现象呢？我发现：一是一个概念出来，大家纷纷去效仿、跟风，说话只会炫耀，只是美丽辞藻的堆积，用好听的词汇去包装，几个教师讲下来，有许多的词汇都是重复的，缺少了活灵活现的亲切感，听不到清新动人的细节，没有了生动的画面感，这种情况越来越明显。二是大概幼儿园总是强调教师的高度概括能力的提升，好像一讲细节就意味着教师才疏学浅似的，这种现象一度让我感到很不舒服，教师最大的问题是心里没有孩子。后来我强调了关注孩子细节的重要意义，要求教师每天都要讲一讲自己看到的孩子游戏的情节。后来，我们在幼儿园开展了孩子们的游戏故事、抓住孩子瞬间的视频故事、走进孩子的心灵世界的故事比赛活动，教师好像都找到了工作的乐趣似的，见面谈到的就是孩子，说到孩子话匣子就打开了，好像永远有说不完的话题，因为谈起孩子就有许多开心的事，工作的幸福感自然不断而来。

在与教师聊天的过程中，我告诉她们："因为你们能讲出孩子生活和学习中的细节，所以你们讲的故事历历在目，我记住了孩子，也记住了你们。"如果教师缺少与孩子之间生动的案例作为支撑，这就说明我们对孩子的关注还没有到位，还不会真正地去观察孩子，也不可能会根据孩子的需要对孩子实施适宜的教育，真正的教育是要我们学会讲出孩子的细节。

培养教师成为能够讲出孩子生活、学习中的细节的人吧，它是了解孩子的开始，更是爱的开端；它是教师研究孩子的体现，更是真正教育的需要，当然也是我们教师成就孩子发展的基础。

_22
对 "优秀" 的解读

在竞争中，如果你只是优于别人一点点并不光彩，要优秀就要优秀得彻底，而不是以细微差距取胜或是勉强取胜。否则，对方就会有不甘心的想法，或出于嫉妒，或出于不满，总会找到自己优于你的方面来做比较。在幼儿园的工作中，教师之间经常会有一些竞赛、课程展示、环境创意、操节花样、游戏材料等评比，如果没有创新的突破和精心的准备，做到出类拔萃是很难的。如果每个班、每个教师追求的都是平平淡淡，那评比也就失去了它的意义。大家都差不多，没有特别优秀，勉强评出来的优秀也就缺少了光鲜耀眼，还会引起教师的不满和不理解，甚至产生以后不想参与评比活动的情绪。

我经常鞭策教师：要想让自己优秀起来，首先要让自己成为研究儿童的人，成为理解儿童的人，成为钻研儿童的人，不但自己努力学习成为优秀的人，还要让身边的每一个人都力争优秀。令对方出丑的险优、微妙的点点优、令人遗憾的略优都会让人感觉不舒服和不愉快，我想这不是真正的优秀，这也是对优秀的不尊重。教育者讲求的是优秀的礼仪，不因为人家的成绩和优秀而嫉妒，也不用自己的优秀点与别人的不足相比较，而是抱着谦卑的态度，赢就赢得干脆、赢得欣慰、赢得出色，输就输得漂亮、输得自在、输得心安理得。时刻告诫自己：教育就是要不断地找问题，找不到问题才是最大的问题。想自己优秀，先让身边的人都优秀起来。

曾记得有这样一个故事《优秀的秘密》：欧洲的花草商人到非洲采购花卉，发现了一种很罕见的花，花色品种繁多，花朵争奇斗艳。他决定把这种花引进到欧洲。他精心照顾这些花卉，准备三年后卖个好价钱。第一年许多人都簇拥到他家的花园来欣赏，都想购买，但商人舍不得卖，想来年培育多一些再出售；第二年他发现花朵变小了些，他认为是自己管理不够精心，就倍加呵护；到了第三年他培育出了很多这种花，但意外地发现花朵变得更小了些，而且花瓣上还出现了许多杂色，与邻居的花圃没有了多大的区别。他着急地请来花草专家诊治。专家问："你家花卉旁边都是做什么的？"花草商人说："都是花草商人。""他们种的都是与你一样的花吗？"花草商人傲慢地说："这种花只有我家有，是我专门从非洲引进的，他们都买不起的。"专家说："现在我已经找到了你家花卉出现问题的原因了。"花草商人急忙问："请您告诉我，我应该怎么办？"专家说："请你身边的花草商都种上与你家一样的花。"花草商人大为不解，很是懊恼，认为这不是解救他的办法，问还有什么其他的办法。专家反问道："有谁能够阻拦蝴蝶传播花粉呢？"花草商人恍然大悟，从那以后，他带着所有的花草商人种上了各种各样品种的花卉，共同研究，战胜一个一个的困难，解决一个一个的难题。每个人都苦尽甘来，欣赏着自己精心创作的花的海洋，这里成了世界各国游客向往的地方。自然，他们都成了那里有名气、有名望的优秀的花草商。

这个故事告诉我们：心底无私、心灵美好是保持优秀的秘密，乐于分享、乐于助人，内心就是富足的。优秀的人每时每刻都会分享有价值的信息，传递给身边的朋友，传递会让自己在他人心目中变得更有价值，帮助更多的人成功才能彰显自己的优秀。

其实，优秀是让自己学会输，因为人遇到挫败时才能看出伟大，尤其是在自认为很好的状态下却遭遇失败时的抗挫精神，尤其能够看出一个人的优秀。优秀者在失败后不会受到心灵的伤害，这也正是他之所以优秀的原因，也是对优秀的最好解读。

23_
拥抱的能力
——让自己的怀抱更舒适

我要拥抱每一个孩子，管他是不是小眼睛、塌鼻梁、脏兮兮，他们都是我的最爱，每一个小细节都是美的完美或不美的可爱。我要用自己全部的爱拥抱他们，为他们唱着他们喜欢听的歌，我要告诉他们我对他们爱的执着，不让他们有丝毫的负面感受。我要增加与他们在一起的时间，不错过他们需要我的每一刻，他们跌倒了，我在旁边鼓励着，他们说的每一句话有我在旁边倾听着，他们的哼哼声有我在旁边伴奏着，这大概是每一个做母亲的心怀。但选择了做幼儿园教师这个职业，我们就拥有了世界上的每一个孩子，他们都成了我们所爱的对象，愿意为之付出自己的全部。

我们教师在教育活动中经常是身上长满刺而不自知，对孩子不满意时的挖苦、对孩子没有达到自己所期望目标的讽刺……不中听的语言经常会响在耳边，还美其名曰：我是恨铁不成钢啊……明明从心底里是爱孩子的，偏偏用这种表达方式；明明心里是惦记的，偏偏嘴上要反着讲；明明心里是赞叹的，偏偏又是讥讽、嘲笑的。为什么会有这样的现

象呢？我想：我们是把孩子当作自己的私有财产了吧。

　　我们身上长满了刺，有谁乐于靠近呢？又怎么能够拥抱对方呢？我只能不断地改变自己，做最好的自己，让孩子喜欢亲近我，不忘自己的初心，清楚自己真正想要的、想说的、能做的，好好地去爱，并让对方感受得到，让自己的心舒适，让自己的怀抱也更加的温暖。拥抱的能力我们真正拥有了吗？

24

晾晒的思考

在幼儿园里，洗衣晾晒、阳光消毒是一项非常普通的工作。幼儿园孩子多，地方小，怎么解决晾晒问题是保教工作的重要内容，也是幼儿园细节管理的关键。在幼儿园经常发现这样的现象：孩子的被褥晾在大型玩具上，孩子的衣服搭在窗格上，墩布架在围栏上，毛巾挂在阳台上……这种景象我们不用看就能想象出来，不雅观的现象在幼儿园的细节中显露了出来。面对此问题，怎么办呢？

我园对晾晒管理是很有研究的，孩子的毛巾怎么晒？孩子的衣服怎么晒？孩子的图书玩具怎么晒？孩子的被褥怎么晒？班级的墩布怎么晒？……教师们可能会出主意，就晒在阳台吧，拉个绳子不就解决了吗，还值得这么兴师动众的，把晒衣问题拿到日程上来？嘿嘿，殊不知，幼儿园就是在这看似鸡毛蒜皮的事情中考虑到儿童的需要、思考着教育的，可不能小看这样的做法，这可渗透着一个幼儿园潜移默化的教育理念呢。

针对晾晒消毒这件事，我们要学会自问好几个问题：在哪里晒？晒什么？都分别需要晒多长时间？什么时间段晒？怎么晒更科学？晒的方法是怎样的？选择的地方有多长时间能够晒到阳光？等等。幼儿园的工作就是在这样的认真思考中一点点完成的。

在不断研究和思考中，楼体晒衣架的设计也就脱颖而出了，根根晒衣架与墙体成90度角，长短不一，高低不同，满足了每块毛巾都能够晒到太阳的需要。后院避眼处设计了晾衣绳，晾衣绳用木栅栏围住，既可以遮挡视线，避免了晾晒衣物零乱带来的尴尬，又不至于遮挡到阳光和清风。巧妙的设计都在于对儿童需要的研究，教育就融入在了点点滴滴的生活之中。

其实，判断一所幼儿园好坏的标准就在于孩子是否喜欢这所幼儿园，它对孩子是否有吸引力，而不在于它有没有高档的装修、华丽的地砖、红木的家具等。

从我园晾晒这一细节中自然地渗透着教育者的智慧与思考。我们针对孩子的每件事情都这样思考过吗？

25_
幼儿园到底让孩子学习什么呢

　　做幼儿教育工作要不断学会问自己问题，这是一个习惯，也是教育者的一种能力，首先要问自己这样几个问题，如：孩子为什么要上我们的幼儿园？幼儿园里要学到什么东西让孩子受用一生？我们制订的孩子的五大领域学习目标是否对他们有发展意义，是否是孩子成长过程中所必需的？一连串的问题我们是否有正确的答案？从官方层面上看，正确、积极向上的答案会是这样的：孩子们来幼儿园是为了学知识，长本事，打好基础，为将来建设祖国贡献出自己的一分力量。而实事求是的回答应该是：有的家长工作压力太大，把孩子送到幼儿园自己能有时间去工作；还有就是别人已经把孩子送到幼儿园，如果我们不送的话，就会有自己的孩子输在了起跑线上的心理。正因为有这样简单的家庭认知，家长纷纷把孩子送到幼儿园。其实，现在已经有人意识到在幼儿园里学习的很多东西并没有太大的意义，有些东西甚至可以称为"没用"。那没用为什么还要学习呢？那不是在浪费孩子们的时间吗？现在很多人的共识是：孩子在幼儿园学习并不是让孩子掌握多少知识，而是让他们亲自体验知识获得的过程，感受自学本领的过程，家长不要过分强调学习知识的初速度，而应该关注会学习的加速度，时刻注重学习的过程体验，培养孩子的学习能力。

生活中到处都是学习的机会和源泉，幼儿园里的一花一草一木、一片泥土、一条小虫子、一根小木棍都值得我们去探究、去观察、去发现，对于孩子来讲这就是一种学习。幼儿园倒不是让孩子单单地学会学习这些内容，最主要的是学习探究的能力和方法，养成乐于学习、乐于探究的习惯。帕尔默讲过这样一句话：有意识的学习是知识，无意识的学习是自己，教育就是让每个孩子成就自己的过程。在幼儿园学习的结果并不重要，重要的是养成良好的习惯，乐于读书、乐于分享、乐于劳动、乐于探究、乐于助人，这才是孩子一生所必需的东西。

26_

在孩子面前做一个长耳朵的教师吧

与朋友相处时间长了，总是一下子就能分辨出她的声音来，那是因为我有一对在乎朋友的耳朵。我做园长，当然希望老师们都有一双在乎孩子的耳朵，能时刻听到孩子的声音，像母亲时刻都能够听到孩子的需求一样。

一次回家，在外屋与妹妹闲聊，妹妹大惊小怪地说："姐，看，你都有这么多的白头发了，看来你真是老了。"我笑笑说："姐都奔五了，哪有不老的道理。"这时，正在里屋的妈妈大声喊起来："怎么了，头发都有白的了？"妹妹笑着小声说："咱妈的耳朵可真长啊，像个小白兔一样，她就是这样，又偷听咱们说话呢。"妈妈在里屋自言自语着："刚多大呀，头发就白了，就是太操心了，以后工作不能那么玩命，这工作哪有干完的时候呀。"后来妈妈特意让妹妹给我送去她用黑芝麻、花生、美国大杏仁等干果碾成的粉，让我每天早晚冲着喝，还特意打电话告诉我这是独家秘方，可管用呢，心中顿生一股暖流，原来，妈妈早已悄悄地把女儿的事儿记在了心上。

妈妈的年纪已经老了，虽然耳朵不算好使，可是一讲到我们几个孩子的事情，她都会听得清清楚楚，我现在都会经常与妈妈开玩笑说她有一双像兔子一样的长耳朵，总能够偷听到我们姐妹无意间的对话。其实现在想来，妈妈哪里是在偷听啊，妈妈那是在乎孩子的需求，对儿女的声音总是天生敏感，不论多么嘈杂的地方，多么复杂的声音环境，她都能够准确地听到儿女的声音，不论离多远，她都能够听到儿女的心灵呼唤。这就是妈妈对女儿独有的"心耳"。

这个世界只要有妈妈在，就会有一双长长的耳朵，随时随地听你说话，关心着你的一切。我们幼儿园的教师，不是经常把每个孩子都当作自己的宝宝吗？我们又是如何听到孩子的声音呢？面对孩子们，教师需要有一双"长耳朵"，能倾听到孩子的心灵的声音，并根据需要，给予恰当的支持。这是一双灵敏的耳朵，最主要的是能够读懂孩子，倾听到孩子们发自心灵的声音。

27_

餐厅
——最能够体现教师修养的地方

　　教师餐厅是许多园长都非常关注的地方，我也是如此，但关注什么？教师的健康、科学的营养配餐、餐厅教师的烹饪水平等，这都是必须考虑到的，但除了这些内容，我们还要考虑什么呢？这就要看园长的思维和管理的智慧了。我认为餐厅是最能够让人心情、心灵放松的地方，当然也是最能够暴露人缺点的地方。所以，我在餐厅的管理中观察的是教师的吃相，吃相中会渗透教师的修养，如教师们自取打饭时的态度怎样，是否考虑到他人，是不是见着自己爱吃的就往餐盆儿里多盛，暴饮暴食，见到自己不喜欢吃的就会牢骚满腹、唠唠叨叨、喋喋不休，是不是悄声细语地考虑到别人的感受，是不是有形成习惯的倒饭浪费现象，是不是包子有只吃馅不吃皮的挑剔，是不是吃过饭后餐桌上一片狼藉……在餐厅，教师的吃相能让我们很好地观察教师，了解她们的性格，知道她们在吃上的爱好，是喜欢酸甜苦辣，还是喜欢煎炒烹炸；是喜欢鸡鸭鱼肉，还是喜欢满素全席。当然，在了解教师的过程中，我也会发现自己在管理上的问题。

　　总之，要创设温馨舒适的、富有文化创意的、满足教师需要的餐厅环境，让老师们在吃饭之余，可以看看书、喝喝茶，也可以泡杯咖啡，聊聊天。如果想满足这些需求，就需要精心地设计餐厅的每个角落。如室内室外设置不同餐桌，老师们可以边吃饭边在外晒晒太阳，享受阳光的沐浴，享受自然的美好，享受青草的芳香。吃饭是非常惬意的事情，餐厅也是老师们身心休息的港湾，是她们交流思想、碰撞智慧的地方，要让她们在餐厅真实地、自然地展现自己。

　　讲一个印度餐厅的故事吧，这是一个让人感到温暖的故事，是充满爱心的故事，也是很有创意的故事，故事的名字是《美好是最暖的冰箱》。Pappadavada是印度一家很特别的餐厅，也是一家很普通的餐厅，这家餐厅不仅用美食吸引人的味觉，更用一台冰箱温暖了所有人的心。与大多数餐厅一样，这家餐厅每天都会有许多的剩菜。于是，这家餐厅决定与其每天把好好的剩菜扔掉，不如把它们放进门口的冰箱里，可以让需要的人自由拿取。做出这个决定的是餐厅的老板。一天他看到一个无家可归的人在餐厅的门口垃圾桶翻找食物，这件事情深深触动了他，他想，为什么不把每天浪费的食物给他们呢？带着这样的想法，餐厅前的冰箱也就就位了。每天餐厅都会把剩菜填满冰箱，供需要的人来取，受到这份爱心的感染，大家也会多买一份餐饭放到冰箱。这个冰箱24小时开放，任何人任何时候都可以自取食物，也有越来越多的人来放食物，并且大家会互相监督不能放不新鲜的食物，避免浪费的现象在这里也悄然而至。餐厅老板说："钱是自己的，但资源属于全社会。当你浪费钱时，虽然浪费的是自己的钱，但也浪费着社会的资源。"不浪费资源、不浪费食物的良好氛围，在这里悄然兴起。

　　美好是温暖的感觉，美好是满满的爱心，美好是和谐的味道，美好是善良的心灵，美好是浓浓的情意，美好需要美好的精神境界支撑。

28 _

让更年期的教师美丽常驻

幼儿园基本都是女人的世界，女人在50岁左右都会有一些生理变化，也就是说会有更年期的反应，如何让女教师顺利地度过更年期是我们做管理者应考虑的问题。女性更年期由于激素的变化，情绪易于激动，一不留神就会陷入抑郁中，一会儿冷得不行，一会儿又大汗淋漓，动不动就会与身边的人发生矛盾，经常爱发脾气，这就要求亲朋好友、同事之间互相体谅，遇事要慢半拍，不要为一点小事、一句不顺耳的话而与她们大动肝火，导致她们情绪反复无常，形成对更年期女人的心理伤害。

更年期的女人对许多自己看不惯的现象也要有一个正确的认识，心里不理解、不接纳、不认同的观点也要尽量与他人沟通看法，不要自寻烦恼，要以乐观的态度对待生活、对待他人。

我是这样来对待50岁左右的女教师的：让女人永远充满自信。

让女教师保持对自身形象的要求，在衣着打扮上穿出这个年龄段的风采；在事业生活上找出共同的老歌传唱，不论是外表还是内心都表现出这个年龄段女人的优雅气质，装点出这个年龄段的修养妆容。我们组织了老年教师时装设计展、旧衣巧改变、化装舞会展风姿、老年教师狂欢节、魅力女性风采时装周、歌唱祖国老歌传唱、诗歌朗诵会、广场舞会等活动，重新找回女人爱美的热情、爱美的权利、爱美的自信，让爱美之心永远在幼儿园绽放。

29_
泡上一杯茶

　　喝茶是一种很常见的休闲方式，交谈前沏上一杯茶，吃饭后倒上一杯茶，朋友聚会时泡上一壶茶，孝敬父母时敬上一杯茶……茶的存在、茶的境界、茶的氛围，让人感到温暖、舒适、惬意。好茶自有色、香、味评断标准，这是毫无疑问的，但是，什么是好茶的最高境界呢？许多时候，幼儿园的老师们也会有饭后喝茶的需求，自然对什么是好茶也有自己的看法和认识。像有的老师对茶比较有研究，就会说一壶好茶就需要好水、好壶、好火候。我不会品茶，也不敢妄加评论，但我更想告诉老师们的是：有谈得来的朋友，在美好的时间与空间下，才可能品味出一杯好茶的真滋味。倘若在喝茶时能有感动的心里话、创造的思维方式、细腻的心灵感应，茶才能够达到最优美的境界，这样才不枉好茶相伴。

　　其实，对一般人来讲，茶叶的标准没有好坏，只要不是太苦涩、太难以入口，什么茶都可以享用，因为在品茶的过程中有谁还会一直回味茶本身的滋味呢？我现在越加对围绕在茶叶旁的因素日益重视，如果没有知心的朋友、没有共同的话题、没有舒适的环境、没有美好的心情，甚至连水都懒得煮了，但一旦这些因素聚齐了，再普通的茶也变得有滋有味。我想这才是茶的真正价值。这哪里是品茶，品的明明是心情。

针对幼儿园的老师们，我总是会惬意地泡上一杯好茶，好茶、好水、好滋味，听着教师成长的故事，才真有品茶的价值。

30_
想告诉老师的话

　　我经常到全国各地去讲课，见到幼教人就有说不完的话题，很享受与大家分享的过程。有一次在自由提问的环节，有一名年轻的老师问我："朱老师，您好，今天我们想知道的不是教育的改革、教师应该具备的师德，也不是教师应该具备的教育技能，我特想了解的是您现在已经在幼教岗位上工作了快30年了，您从教育人生的角度更想告诉我们点什么。"是啊，教育者三句话不离本行，离开了孩子、离开了教育就不知道讲什么。我应该告诉年轻的老师们在生活、工作中注意点什么事情呢？我想到了以下几点。

　　第一，自己的命运要靠自己的努力来把握。自从工作以来就没有天上掉馅饼的事情发生，每一项成绩的得来，都需要付出艰辛的努力，偷奸耍滑是万万不可取的。

　　第二，精神和信念的力量无可比拟。人的潜能真是没办法想象，只要怀着美好的愿望，向着自己的理想不断地进取，你想到的都会实现。

　　第三，简单就是一种大彻大悟的快乐。

　　第四，在生活实践中成长，不需要把教育目标、儿童发展指南等教科书式地背记默写，把这些时间用来打打球、跳跳舞、练练瑜伽、逛逛街、购购物，享受身心的健康，回首往事的时候精神一定依然抖擞。

第五，父母都老了，多找点时间陪陪他们。

第六，讲求传承，在传承中发展，不能自负地把别人过去的观点、过去的成绩都一概否定，那只是一意孤行。

第七，相信中庸，过犹不及，给别人和自己均留有余地，不要经常用自己的直率去随意伤及别人的心。

第八，注重自身创造能力的发展，相信自我，善于独立思考，要能听到外界信息与教育之间的声音，并有自己的见解。

如在首届世界基础教育高峰论坛上，时任北京市委常委、副市长苟仲文讲述自己的一些教育思考时说："孩子应该成为课堂的主人……"他认为老师不应该那么累，教师不要批那么多的作业，不要做那么多PPT，不要去替家长做该做的事情，教师只要想怎么构建好这个生态课堂，尊重孩子、理解孩子、相信孩子就好。这就要引起我们的反思：生活中我们要把孩子放到最重要的位置，教师要随着社会的变化、随着孩子的变化而变化，这才是以孩子为本。教育者要做的是认真对待一件事：读懂孩子。听到外界的声音，自己就要判断过去的教育是不是符合当代发展的需要，根据需要调整自己。我们可能想到作为教师要有这样的变化：从过去的我说、孩子听和学，变成现在的教师放下身段，平视孩子，建立心理上的平等，与孩子共同学习。教育者要与孩子在游戏互动中学习，激发孩子主动参与、提出问题、解决问题。

所以，构建生态课堂、体现一日生活就是教育的思想，改变教学方式方法就是给孩子留下美好的学习童年。一个课堂，应该是快乐、平等、尊重、宽容、质疑、批判的，这是非常理性又适合现代发展的课堂。

可见，具备了这些素质，自己的人生就会有更深刻的思考。

人生就像一个大课堂，需要不懈地追求、探索和选择。这是我想与大家分享的，是我这么多年工作的领悟，也是我想告诉大家的。共勉吧！

_31
管理与被管理之间需要些不看透

　　管理者因为工作的原因总能够一下子发现教师的问题所在，是劈头盖脸地批评指责，还是收敛、掩饰自己的看法？在与教师朝夕相处的工作中，因为彼此的了解和多年习得的洞察力，教师的一举一动都难逃过管理者的眼睛，就连一点点的秘密都藏不住，教师谁也不敢有半点的谎言和疏忽，好像谁要有了自己的谎言就是人品出了问题，就是不实在的象征，管理者从教师的眼神里就能够分辨出言语的真假，读懂对方想要隐藏的那点小心思，要不要挑明对方的这些小小隐私呢？我认为，要给教师留点私密空间，即使我们发现了教师的私密乃至善意的谎言，也要像没有发现那样轻松，这是对自己的尊重，当然也是对他人的理解与尊重。就像绘画一幅作品需要留白一样，因为留白才能显示出整幅作品的完美。

　　一次早晨查班时，我意外地发现孩子的消毒盆里有一袋牛奶，正在用热水浸泡着，一看就知道是教师早晨没来得及吃早点带到班上来的。按理来讲，我们是不允许把饭菜带到班里来的；另外，这也说明教师可能来晚了，上班的时间到了，不能再到食堂去吃早点了；还有就是拿上来的牛奶肯定是凉的，所以教师用孩子的物品来浸泡牛奶。这名老师做了几件不正确的事情，违背了幼儿园的要求。如果当时我批评指责她，是无可非议的，但是我没有这么做，而是看看消毒盆里的牛奶，对她说："牛奶热了，赶快喝了吧，以免肚子痛，要注意消毒盆的清洁哦。"

其实，感情本来就该简简单单，这样才会使人舒服。一个会心的笑容，一句动听的话语，一句舒心的问候，原来生活、工作就是这样糊里糊涂，不用把什么都搞得清清楚楚。我们要虚心地向孩子们学习幼稚点，刚刚才争吵过，马上又成了朋友一起玩耍，一句"对不起"后破涕为笑，所有的矛盾烟消云散，这就是儿童，也是我们所需要的简单的生活！成人太需要这种能力了，那就是：婴儿态。

前辈们常说，人太精明了，看得太明白了，生活就不会那么快乐。水至清则无鱼，这个道理，在幼儿园的管理中也是适用的吧。

只对自己有要求，不对别人有奢望！

_32
不开手机的幼儿园

　　保教主任发脾气了："都说过多少次了，上班时间不让用手机，怎么还是不改呢？"教师解释道："我们与家长有点急事需要联系，所以才用手机的。""千万不要拿用手机联系家长来说事，你们看手机的表情就已经告诉了我答案。"现在也是，人们形成了一个每时每刻离不开手机的习惯，好习惯难养成，这样的坏习惯倒有许多人乐于习得，不是有人编了一首打油诗吗——《我愿做你的手机》：我愿做你的手机，那样你就可以天天把我捧在手里，望着我，读着我，享受我，一刻也不舍得离开我，还经常把我放在你的脸颊上亲亲我，不小心把我放到了什么地方还去不停地想办法找到我。是呀，现在的人们别说一天离不开手机，就连一会儿也舍不得离开它，它已经成了生活中不可或缺的东西，好像没有了它就寸步难行。

　　离开了手机，难道就真的无法生活了吗？为什么不体验一下关机的情境？我园有上班关机、不允许接打手机的制度要求，想起这个制度的实施还真是大费周章呢。秉着以人为本的管理理念，我们让教师也参与到制度的制定中来，许多教师认为手机是用来沟通的工具，是现代社会发展的产物，幼儿园抵触是没有必要的，幼儿园的管理者应该跟上时代的步伐，一概地用打压管制的方法是不会有好的结果的。再说，幼儿园教师又需要做好与家长的沟通工作，如果幼儿园都不为教师提供这样的方便条件，还谈什么"人文"二字呢？看来老师们讲得很有道理，但现在的手机好像更多的是分散了教师的注意力，她们组织孩子上课时惦记它，户外活动时惦记它，中午吃饭时惦记它，好像没有手机在身边就像热锅上的蚂蚁一样，心里总是不踏实。其实，现在我们还有多少人真正用手机来沟通感情呢？我们能不能过一天没有手机的生活呢？我们不要做手机的奴隶，不要被手机左右了自己的思想，要做一个从心里关闭手机的人。这个想法得到了教师的赞同，至于手机作为联系家长的工具和随时拍录孩子游戏情景的工具，我们用平板电脑也能代替。

幼儿园实行了教师工作八小时之内关闭手机的制度，自这一制度实施以来，教师们发生了很大变化：从过去带手机时的忙手忙脚，只考虑手机上的内容信息的变化，到现在专心致志地关注、考虑儿童的需求；从总想着摸摸自己的手机是否还在的内心不安，到现在忘记手机存在的从容与淡定。

感谢没有手机的八小时，我们可以专注地与孩子们在一起，可以想孩子们需要的事，可以与孩子们快乐地玩童年的游戏，享受与孩子们在一起的简单与幸福。

_33
幼儿园的女权主义

某一天，我跟有两个儿子的邻居大叔聊天，过后心里还真不是滋味呢。他每天都看我在幼儿园里忙来忙去的，很是不解，说："外面的世界就是男人的世界，一个女人的职责就是收拾收拾家务，在家相夫教子，带带孩子。你看，你阿姨现在就是每天在家带孙子，不知道有多充实呢，这就是女人的事业。再说，自古以来就是男主外、女主内的。"我辩解道："叔叔，您还真是老旧思想哦，那都是多少年前的老皇历了。"我开玩笑说："您就是没有生女儿，如果您要是有女儿，您的思想早就变了，女人为什么要在家里照顾孩子呢？为什么她的价值就是带孩子、收拾屋子、洗衣做饭、伺候男人呢？"一直以来，我都认为：女人必须要实现经济独立，这是拥有话语权和幸福的基础。女人要努力拥有自己的事业，女人能顶半边天，尤其在幼教领域，女人要顶多半边天呢。

幼儿园是女教师扎堆的地方，如何调动好女人爱事业，把自己的事业与自己的命运和幸福都连接起来，是我作为园长应该帮助年轻教师思考的。年轻女教师在交男朋友时，会有许多男人花言巧语表忠心，什么幼儿园的工作多累啊，也挣不了多少钱，我愿意养着你，养你一辈子，我永远爱你……殊不知，这个养着你，这个爱着你，需要我们可爱的老师付出多少代价呀。家里的事情也一样琐碎繁杂，整天忙忙碌碌，却又看不出你为家里做了什么。时间长了，我们好像就没有了与社会接触的能力，因为我们把所有的精力、时间都用在了家里的琐碎事情中，不知不觉丢了专业、丢了理想、丢了魅力，我想：那是多么悲哀的事情呀！

我是女人，但不是女权主义，我希望我们幼儿园的老师爱生活、爱美丽、爱家庭、爱事业，用自己无限的激情、善良和热情，尊重自己、尊重他人、尊重生命、尊重自然，祝愿幼教领域的女人们越来越可爱、越来越美丽。

其实，要说我有一点点女权主义也可以，我愿意从爱每一位女教师开始，从更少受到性别的偏见和束缚开始，从祝福每一位女教师拥有自己的事业开始，与女教师们一起成长！我爱女老师这个职业！

_34

园长的"耳才"

　　曾经看过一篇文章，写到在一次采访崔永元的过程中，记者问："你为什么有这么好的口才呢?"崔永元笑笑回答说："其实我的嘴是很笨的，只是'耳才'还可以。"

　　"耳才"是什么呢? 其实，聊天谈话的关键在于听，听人说话能听到画龙点睛之处，是一种境界；听人说话能听到入木三分，又是一种境界；听人说话能听到刻骨铭心，是最高境界。崔永元连用的这三个成语，说明了倾听的三种境界。作为教师更应该具备倾听的能力。听到孩子的声音、听到教师的声音、听到家长的声音，因为听到才能够了解，听到才能知道真需要，听到才能够做到彼此尊重，才能够采用有效的方式方法去帮助孩子们成长。我们在教育中经常要求自己要看到孩子、看懂孩子、包容孩子。我更想告诉教育者的是要听见孩子、听懂孩子、理解孩子、接纳孩子。

　　很多时候，其实教师是闭耳不听或者是听不见的，孩子之间的交谈，孩子对兴趣的需要，孩子的请求等，不管我们愿意不愿意承认，许多时候我们的教育者是不了解孩子的想法、孩子的做法、孩子的行为的，总是用我们的价值判断来评价孩子，用成人的视角来分析孩子，用我们认为的责任来控制孩子，甚至有时候我们会给孩子贴上莫名其妙的标签，让孩子一辈子都抬不起头来。

在工作、生活中，我们许多人往往会重视口才的学习乃至训练，对于"耳才"，往往忽视它的存在，只要口才的培养而忽视"耳才"的价值。

其实，越是善于倾听的人越会受到众人的尊重，与他人的关系也越融洽。倾听，既是一种能力，又是一种修养，会倾听的人更加富有人格魅力。培养我们每个教育者的"耳才"吧！

_35
教师的 "必须"

　　幼儿园在管理中已经注重了多种细节的考虑，教师的责任心已经到了极致，但是总是不能完全避免事故的发生。处理孩子在幼儿园的磕磕碰碰成为教师最头疼的事。事故后，家长的冷漠与牢骚，甚至大声地吵闹与讥讽，好像孩子发生事故是教师故意为之。遇到这样的事情教师总是胆战心惊，这样的 "礼遇"、这样的情境教师虽然已经习以为常，但是面对每一个不同的家庭还是会有不同的感受。

　　一次，腾腾在幼儿园户外活动中不小心摔了一跤，下巴磕了一个口子，带班老师与家长商量后直奔儿童医院。在送腾腾去往医院的路上，老师一直抱着孩子，表情凝重，纹丝不动地托着孩子的下巴，并向家长解释着事情的经过。老师时不时地看看孩子，心疼的眼里含着泪花，孩子一直在说；"老师，没事，不疼的，老师，真的没事，不疼的。" 孩子一直劝着老师，老师用脸贴贴孩子的头，看我们大家在车上都很沉默，孩子的爸爸说："没事的，大男子汉，这点儿小事不算什么。" 孩子的妈妈也劝着老师不用着急，缝上几针就没事了。原以为家长会肝肠寸断，对老师会喋喋不休地埋怨，真没想到会是这样的态度，弄得老师倒不知所措，不知说什么才好。孩子爸爸说："程老师，知道您平时就爱每个孩子，我们一直对您都非常尊敬，孩子摔倒完全是他自己不小心造成的，与您一点关系都没有，您还陪孩子到医院来看病，我们是万分感激的……""再说了，孩子就是下巴上留了一个疤，还怕找不到媳妇了啊？"妈妈看老师一脸的难过，也幽默地开起了玩笑。

　　我真的不敢相信眼前这一幕，家长这么体谅老师还真是少见。现在独生子女的溺爱都到了何种地步，为什么在腾腾家就没有这样的现象呢？没有怨恨教师、没有责怪幼儿园的地面不平整，却在心里记着感激教师的爱和泪花。

　　身为教师多年，虽经历过孩子多次的磕磕碰碰，对家长的责备态度也已经是司空见惯，但这也不应该成为我们冷漠的理由，不论家长的态度如何，不论家长理解不理解，一个诚挚的拥抱、一个温暖的眼神、一个善意的举动、一句真诚的话语，用自己积极良好的状态，把自己的爱表达出来给孩子，是教师每天必须要做的。

36
让教师的生活有滋有味

羡慕别人有大房子吗？羡慕别人休闲、自在的生活吗？羡慕别的女人做全职太太的自由自在吗？羡慕别人服饰的高贵与典雅吗？问问自己：我想要的生活是什么样的？我们一致认为：平庸乏味是人生最大的不幸。作为教师来讲，要想富裕地过日子真的很难，所以很多姑娘在选择婆家的时候一定选择经济条件好的，这也是无可厚非的，但什么才是有滋有味的生活呢？人们对人生观和价值观的认识和理解不同，对未来生活的向往就会不同。

对于幼儿园教师来讲，什么是有滋有味的生活呢？我想：应该是既考虑自己也要考虑儿童。"有滋"就是指自己愿意付出努力，给生活添姿添色；"有味"就是针对儿童，尊重儿童的个体差异，满足儿童的发展需要，使教育、培养儿童兴趣的味道更加香浓，就像我倡导的幼儿园文化一样：做到参天红杉滋养，七彩儿童绽放，让孩子们在教师的精心呵护下，绽放出争奇斗艳的花朵。有声有色地工作，有滋有味地生活，有情有义地交往，感性与理性并存，才会造就快乐的老师，才会在快乐中培养出快乐的孩子。

　　扪心自问，我现在已经是快奔五的人了，渐渐地不再羡慕别人的生活，唯一羡慕的是站在公交站牌下，不论周围多么喧闹与嘈杂，也能够读得进哲学的读书人。多数年轻人在低头玩着手机游戏，耳朵上塞着耳机听歌的人摇摇晃晃、无所事事，翘首企盼着公交车的到来……看看公交站的景象，还是羡慕读书人的沉着与冷静，因为在众多人之中唯有读书人掌控着自己的节奏，沉浸在书籍的乐趣中，按照自己的方式生活着。

PART

03 成长

心的遇见

就是最好的成长

　　美国心理学家波斯纳提出了一个公式：成长=经验＋反思。教育者的成长应该以生命为本，而不仅仅是教育技能的进步，更重要的是教育思想的认识、教育精神的富足，特别是教师对自身教育行为意义的省察。教育者身上要少些匠气，多些灵气；少些奴气，多些勇气；少些小气，多些大气；少些傲气，多些才气。教育要不断推陈出新，在变化万千中享受无穷的乐趣。有一种态度叫享受，有一种感觉叫幸福，有一种过程叫成长。最好的成长是心的遇见。

_37

低成本的微幸福项链

现代社会真成了"微世界"——微机、微博、微信。其实还有许多的"微"常常被人们忽略，那就是微幸福。幼教人每天都在被许多的微幸福包围着，微幸福串在一起就成了微幸福项链。女人嘛，每天要更换不同的微幸福项链，自然享受这一美好时刻！

谈到幸福，你会想到什么？很多人会想到舒适的工作、丰厚的薪水、昂贵的服饰、豪宅美食……有可能这样的生活会很幸福，但我想讲的却是现实生活中、工作中孩子给予我们的隐藏的微幸福。我们每个人都用低成本成为微幸福的享受者、传播者、实践者。悄悄地，微幸福积攒多了就成了大幸福——可以这样讲，幼教界的每个人都可以自豪地成为拥有大幸福的人。

其实，微幸福不需要什么成本，只要用心去感受，可以随时拈来，只是整天忙忙碌碌的我们未加注意而忽略掉了。如因为自己的嗓子有些不舒服，干咳了几下，孩子马上用自己的小水杯给你端来一杯水，这难道不是一种微幸福？户外活动时每个孩子都乐于牵着你的手，愿意与你一起玩游戏，这难道不是一种微幸福？孩子不知所措的时候愿意钻进你的怀抱里，对你的依恋溢于言表，这难道不是一种微幸福？孩子趴在你的怀里，对着你的耳边悄悄地说"我最喜欢你"，这难道不是一种微幸福？——这些微不足道的小事在我们的生活中经常遇到，很平常，很平常，可以说是数不胜数，因为我们无时无刻不与孩子们在一起。如果我们不经意，微幸福就会从我们身边溜走，甚至接踵而来的是烦恼、不安、焦虑，哪还有什么幸福可言？殊不知，被爱戴、被关注、被信任这是何等的幸福啊，每天被孩子们包围着，叽叽喳喳与你讲他们感兴趣的事情，都想与你说知心话，你是他们心中的偶像，你是他们心中的齐天大圣，你是他们心中的女神，他们是你永远的粉丝团队和追随者。想想，做幼儿园老师梦中都会是笑的，这都是孩子们给予我们的，只有这些寻常生活中可遇可见的微幸福，才使我们的生活每天都变得那么的美好而甜蜜。

　　让我们珍惜孩子们每天给予我们的微幸福吧，把那些散落在一边、平时发现不了的珍珠一般的微幸福倾心地捡拾起来，穿成美丽的项链陪伴在我们的身边。

_38
你并不特别

看标题就知道这是美国波士顿威尔斯利中学教师小戴维·麦卡洛的毕业致辞，这个致辞一直深深地影响着我。致辞中说道："此时此刻我们面临着均等的机会，这一点很重要。因为我们中没有谁是特别的，你并不特别，你并没有与众不同。我们有一个致命的缺点，那就是总爱赞美胜过真实的成就，这是一种传染病。其实在全国3.7万多所中学里，威尔斯利中学是最好的学校之一，在这里良好已经不够好了，我用了最好的之一这个说法，这可以让我们的自我感觉更加良好，可以让我们沉浸在唾手可得的小荣誉带来的喜悦之中，尽管这种荣誉是含糊的，这种说法也不符合逻辑，因为，最好只能有一个。你是就是，不是就不是。"是啊，在教师们能够被分配到丰台第一幼儿园而自豪时，在我们都喜欢听到赞美的语言时，是不是真的很好地审视了自己？真的与"一幼"同步，做到最好了吗？确实是这样：最好只有一个，你是就是，不是就不是，最好需要每个人做出超越别人几倍、几十倍的努力，要求你把别人喝咖啡的时间全都用在思考与工作上。

那么，在幼儿园里我们到底要给教师什么、给孩子什么呢？我希望教育应当是为了获得学习的乐趣，为了身边人的自主学习而进行，而不是物质上的所得。我希望老师们了解到书籍是快乐的重要组成部分，要保持阅读的习惯，把阅读当成一个关乎原则的问题、一个关乎自尊的问题，把阅读作为滋养生命的精神食粮，把阅读当成培养和维护一种道德情怀的关键所在，并且要展示出这种情怀的品性。要有远大的理想，善于思考，保持谦卑和虚心地向他人学习的态度和接纳的胸怀，时刻保持紧迫感，因为时间会一分一秒地流逝。

让每个教育者理解到：我们努力爬山的目的不是为了超越别人，而是为了挑战自己、战胜自己，是为了享受清新的空气和欣赏怡人的风景。爬上去我们就会看到世界，而不是让世界看到我们。创造性的独立思考不是为了给自己带来满足，而是为他人增添福祉。未来我们需要的国际人应该是：自发的学习者、自信的个体、有责任的公民和创新型的乐于为他人服务的人。

人类社会中伟大而神奇的事实告诉我们：我们不可能用尖酸刻薄、嫉妒诋毁、偷奸取巧、自私自利来获得美好的生活。其实，无私是我们能为自己做的最棒的事，只要无私，生命中美好的事就会随之而来。时刻告诫自己：你并不特别！

_39
扭转某些人的负面情绪

也不知为什么，生活中我们随时都可以看到被点燃的情绪火药桶——不满航班延误和推迟而围攻服务人员，坐公共汽车时因拥挤而争吵，在街头与人争吵时将熟睡的婴儿摔死……坏消息看多了，不免让自己的心情也变得糟糕起来，原本担心自己被恶人所伤，却慢慢在不满和怨愤中成了怨妇、长嘴舌，伤及他人。我们总会谴责这是社会问题，对自己国家的这种现象感到痛心，甚至想放弃。可是作为社会的教育者，我们难道没有责任吗？

我们内心的一片净土只属于我们自己，只要我们守候着它，任何的外部力量都无法进入。作为幼儿教育工作者，要有守候这片净土的能力，从自身做起，影响儿童并带动身边的每个人。

曾有一位西方人在面对放弃时忠告人们：我不是要改变世界，而是不想让世界改变自己。也许，作为一个弱小的幼教群体，我们无法改变顽固的社会陋习，无法改变他们对社会的态度、情绪，却可以选择不被坏情绪俘虏。这是我们能够做到的，也是必须要做到的。

微博上有一个经常传送的小故事——一位朋友在正确的车道上行

驶，一辆黑色轿车从停车泊位开出，朋友立刻踩刹车，车子滑行了一小段路，闪开来车，两车之间距离只有几厘米，那辆车的司机嘴里谩骂着脏话，并朝着我们大吼大叫，我的朋友只是微笑向他挥手，我惊讶于朋友的做法，他解释说：许多人就像垃圾人，他们身上充满负能量和垃圾情绪——愤怒、抱怨、仇恨、嫉妒……他们需要倾诉，有时候我们刚好碰上，垃圾人就会把垃圾往我们身上丢，千万不要将他们的垃圾情绪扩散给我们的家人、朋友、同事以及其他路人。我们要学会做"垃圾桶"，做垃圾人的倾听者，并学会调整自己的情绪。生活中我们是躲不开负面垃圾情绪的，那就要学会不要被这种情绪滋扰心境，独善其身，修炼自己的能力，帮助他们调节自己的心境。无论你有多聪明，多么富有，多有权势，在负面情绪发作的那一瞬间，所有人的智商都是零。控制好自己的情绪是一种修养。做到：急事慢慢说；小事幽默说；没把握的事谨慎说；没发生的事不胡说；伤害人的事不能说。

上天赋予了人类欢喜与忧愁，同时也赋予了人类左右自己情绪的能力，如果你不懂得用好心情来衡量自己的坏情绪，用新的快乐来抚平自己的旧伤痛，那么，你就很难让自己有机会迈出乐观的步调。

生活中很多人的坏情绪其实都是自己造成的，要活得轻松只有自己开解自己。因此，要想让自己的生活中有阳光，就必须先点亮自己，别让不良情绪左右了你的生活。只有送走了坏情绪，好的心情才能进入你的体内。人的优雅关键在于控制自己的情绪，用嘴伤人是最愚蠢的行为。我们的心不自由，通常是来自内心的不良情绪。

社会的改变，需要我们每个人的共同努力，需要公平正义，需要心怀善良，需要诚实正直，因为，怎样的我们造就怎样的社会。让我们为社会的进步而努力吧。

40

快乐要学会分享
——低调而不炫耀

临危不乱不易，面喜而定更难。对喜悦真正理解透彻的人才会归于平静。对不满没有怨气，对喜悦也无须炫耀。说起这件事，只是源于一次教师的炫耀。一个老师离婚后又找了自己新的归宿，按理讲应该是得到每个人的祝福，和她一起分享快乐和幸福，但……在几个教师的聊天中，她说："我的睡衣、内衣都是老公给买的。"然后又晒出几个包包的照片，附上一句："一次就买这么多的包包，哪里背得过来呢，真是浪费呢。"

说实话，小时候村里形容这种人是不懂事理、人性卑劣，用刀子向人软肋上戳。这样的场景许多人都看到过，感受会有所不同，有的人也许会嗤之以鼻，感觉令人生厌；有的人也许像没有听到一样，不去理会；有的人会有些羡慕，甚至嫉妒。每个人的生活经历不同，遇到的事情也不同，不要用自己的快乐刺激到别人的生活，这是做人的底线，这个也没有必要。我想说，发现最好的自己，不是超越别人、抬高自己、炫耀自己、贬低别人，而是今天的自己比昨天的自己进步一点点。

木心先生讲过一句话：临危不乱，临快乐也不乱。前一种不容易，后一种更不容易。很多人一遇快乐就溢于言表，就得意忘形。我喜欢别人谈快乐，是一种彼此的关怀和深情，他的快乐总会给别人带来启示和感悟，让人与他一起愉悦，而有些人的快乐则会让他人产生厌烦和不舒服，让人感到炫耀背后的自卑。其实家庭的温暖和舒心不用炫耀，低调地享受自己的人生就好。这也让我认识到临快乐不乱是一种修炼。

前不久，听一个教师谈自己的孩子，大意是她的孩子从来没有让她费过心，聪明懂事，最近又考上了重点高中，她谈得兴奋，全然不顾身边有一个多动症孩子的妈妈、一个学习成绩差劲孩子的妈妈，大家在心里会怎样感受她的忘乎所以呢？我要讲的是：自己的快乐应该怎样与别人分享，自己交流的内容如何考虑到身边人的感受，遇到快乐如何做到镇定自若、宠辱不惊，这种品质需要修为、需要学习。快乐是一种能力，需要一种自然地流露，体现在细节之中。

对快乐真正理解透彻的人才会归于平静地享受。学会分享快乐是一种能力——低调生活是一种境界。

_ЧІ

从泥土中淘出黄金

在面试新教师的时候，我总喜欢把我们幼儿园工作最复杂、最烦琐、最辛苦的一面仔细反复地向应聘的教师说明，要确定教师对这样无趣、辛苦、繁重的工作任务，对教师全面发展的工作内涵、极具压力的工作性质仍然感到有兴趣，我们才会继续往下沟通，很多看着还是很有能力的教师在经历这样的震撼教育之后就被吓得退缩了。有人提醒我为什么要这么来形容自己的幼教工作呢？我说：幼教工作太期待那些能经得起考验的人，能忍受无趣、无聊、繁重的像泥土一样平凡工作的人。能经受这样的考验，说明教师首先能从烦事、小事、普通事做起，如果工作中再加上爱心、研究、热情、创意，这样的教师才珍贵，才是我们未来需要的人才。

其实，每项工作都有它的乐趣，我们都想选择好的、不要坏的，选择工作既轻松但工资待遇又高的，选择工作时间虽短但效益好的，选择冬天暖夏天凉的室内工作……想把所有的美事、好事都集中在自己的身上。其实，做好泥土一样的工作是迈向成功的必然历程，每项工作都会有酸甜苦辣，就像生活一样，柴米油盐、平平淡淡才是真。工作中，我们就是要从"泥土中淘黄金"。我们会发现：在我们身边有许多有才气的人最后一事无成，其实，不是才气不够，而是耐心不足，使得才气被怨气蒸发掉了。

教师，要有泥土的芳香，能够承受众多的压力和平凡，不断地进取，能够找到自己生存的价值，等待从泥土中提炼出黄金的喜悦与幸福。

_42
生活在乐音的世界里

我的家紧邻着一条街道，每到周末休息时都会被难忍的噪声吵得不得安宁，本来想赖床睡个懒觉的兴致也都莫名地飘走了。叫卖声、各种口音的吆喝声、不耐烦的汽车喇叭的长鸣声、录音喇叭播放的来回重复的甩卖声，这种声音的嘈杂刺耳，毫无美感可言，加上成千上万次的重复，高一声低一声的叫卖，讨价还价的吵闹声，简直能把人逼疯。俗话说："好话说三遍，任谁都生厌。"何况是噪声呢？真是不知道每天生活在这里的人们是怎么熬过来的，想想自己每天忙碌的与幼儿园的孩子们在一起的工作场景还真是幸福。

我每个工作日在噪声还没有响起的时候就已经起床，七点还不到就已经到了幼儿园，大概就是为了享受乐音的愉悦吧。放上优美的轻音乐，迎接孩子们的到来，一天的工作开始了。不论是与孩子们一起做早操，还是玩游戏，都是在乐音的陪伴下，就是孩子们与自己的交流都好像是有乐音伴奏，时而像麻雀的叽叽喳喳，时而又像百灵鸟的婉转鸣叫，简直就是和谐的交响乐。不知什么时候，我早已把幼儿园所有的声音都当作乐音去享受了，尽管许多人都觉得我有些夸张，甚至没有从事幼教工作的朋友总是不理解，不可思议地讲我是生活在噪声的世界里。我不认同朋友们的看法。不论是孩子们做操时拿着的瓶瓶罐罐的敲击声，还是孩子们互相嬉戏的欢笑声，乃至刚刚入园分离焦虑的哭闹声，总的来讲都会让我感觉到舒适、惬意。与孩子们在一起总像是有乐音的陪伴，永远生活在乐音的世界美妙无穷，何乐而不为呢！

　　这也让我好像一下子理解了我家街道自由市场的叫卖声，他们是不是也在享受着自己工作的乐趣和价值呢？原来生活中处处是乐音啊，让我们每个人都慢慢地享受吧。

_43

经历比拥有更重要

西班牙《世界报》上曾刊登过这样一段话："中国的高房价毁灭了年轻人的爱情，也毁灭了年轻人的想象力。"初看到这句话我感到莫名其妙，高房价与年轻人的爱情之间有什么关系呢？后来了解到年轻人是被过高的房价限制了喜好、幻想乃至创造，他们本是乐于结伴旅行、读书交友、饮茶谈天的，但他们却在大学一毕业刚刚20岁出头的风华正茂的年龄，为了生活学会了柴米油盐精打细算，为了有更高的收入和经济来源而四处奔波。生活本身是物质的、世故的，从未体验到一段浪漫的人生、一种直击自己心灵的生活方式，对于年轻人来讲未免有些悲哀。我在心里一直在反思，也联想起幼儿园唯一的一个男教师跳槽前的谈话，现在想起来心里还很不是滋味，成为自己管理工作中的一个烙印。虽然自己一直认为在给他成长的机会，虽然苦口婆心做了许多的思想工作，甚至讲幼儿园老师有着多么阳光的职业前景和规划，但依然没能留住他。他的话一直在我的耳边回荡："我们拼命努力地奋斗到底是为了什么？我一生的奋斗目标是什么？自私一点讲，我做一辈子幼儿园老师能拥有什么呢？""虽然我还是很喜欢幼儿园老师这个职业，也很享受与孩子们在一起的快乐，也很感激您给我的成长空间，很享受与您在一起工作的乐趣，但现实是残酷的，我们都在为实际的生活奔波着，赚钱买房，将来的结婚生子、教育孩子一连串的生活压力，做一名幼儿园老师哪能实现这些目标呢？所以，朱老师，请不要怪我毅然辞职。"说实在的，我的心里很难过。是呀，他讲的好像句句在理。

青年人具有旺盛的精力，他们活力四射、充满朝气，集创造能力和想象能力于一身，他们的反叛精神和独立精神对社会的进步会产生积极的影响。尤其是幼儿园的男教师，他们独特的因材施教（管），对幼儿园的发展有着积极的作用，但如今男教师却不可避免地陷入幼儿园管理的整齐化、一致化的怪圈，面临着生存压力问题。英国作家罗威尔说过：假如青春是一种缺陷的话，那也是我们太快就失去的缺陷。现在，我也知道大家迫于某种压力都整齐划一地奔向舒适、体面、工资待遇又不错的工作，永远都在做别人眼中选择"对的"人和"正确的"事，一味地追求大家都会认同的主流，难道这就能让我们的内心更快乐和自由吗？我们一生到底追求的是什么呢？我想告诉所有的年轻人：不要荒废了年轻的资本，趁你们还拥有青春时好好把握，做一个真正的年轻人，不要被世俗困扰，向着自己的心灵出发吧，因为经历比拥有更重要，更值得珍惜。经历了就越加有阅历，也会具有驾驭事物的能力，也会让我们更加富有魅力。

经济地位是教师说话的底气和信心，也是教育者人格和尊严的基础。但鲁迅先生说，人是要有一点精神的。作为教育者更需要精神的支撑，有自己的精神追求，就会有工作的动力。我想奉献精神应该是教师首先应该具有的。其实在每个人心中都有一个让自己一生无法忘怀的好老师，在自己的人生道路上一直影响着自己、激励着自己，是自己人生路上的灯塔。如果一个教育者没有了精神追求，只是把教育当成谋生的职业……就会因为工作的压力、待遇的不公、升迁的无望等而生出诸多怨言和愤懑，会有不如意、不称心的感受。工作就变得无奈、被动、消极，即便快乐也痛苦。有了精神的境界，教育便成为自己生命中不可缺少的一部分，会愿做、想做、主动做，有强烈的求知、求好、求发展的欲望。在行为表现中就会主动开拓、奋发进取，充分发掘潜能，追求生命价值的实现。不会为得失所困、名利所累，也不觉得工作之苦。一切不顺利和挫折，都会坦然面对，生活也就自然充满阳光。这是教育者应该具备的品质。

44_

经营好自己的家庭

　　家庭生活的和谐就像营养品，会让事业如沐春风。就说美国吧，虽然联邦宪法没有规定家庭不和谐不能够任总统，但迄今为止没有一个总统在家庭关系上处理得不妥当的。因为对美国人来讲，道理很简单，如果你连家庭关系都处理不好，那还有什么能力统治一个国家呢？连一个爱人的信任都得不到，那就不要奢谈得到全国选民的信任了。要得到选民的认可，首先要让选民相信候选人有一个和睦的家庭。总统不仅是国家的行政首脑，也是民众的道德楷模。我在教育中也一直传递：家庭的和谐是教育的前提。

　　父母既是子女的第一任教师也是终身教师，父母的一言一行都对子女产生着深刻、持久的影响。正如陶行知在《儿子教学做》中所指出："我希望每个儿子做成一个什么样的儿子，我得把我自己先做成那样一个儿子。我要教儿子自立立人，我自己就得自立立人。我要教儿子自助助人，我自己就得自助助人。"陶行知是这样说的，也是这样做的。他教育孩子要"追求真理做真人"，他自己的一生就是"追求真理做真人"的典范。他教育孩子治学认真，他自己就在孩子心目中树立了做事有条不紊、善于用科学方法处理事物的形象。他要孩子好好学习，也用自己好学的精神去感染孩子。

陶行知和谐家庭教育观具有以下显著特征：其一，和谐性。它既强调家庭教育理念与方法的和谐、家庭成员之间的和谐，又强调家庭与学校之间的和谐，最终实现人与社会的和谐。其二，全局性。陶行知认为孩子绝非个人私有财产，家庭教育不是一家一户的私事，而是事关民族国家、人类社会的大事，家长必须把教育子女作为一项社会责任来承担。其三，民主性。主张尊重儿童的人权，建立民主平等、互尊互爱的家庭关系，使儿童在和谐环境中幸福成长。其四，针对性。主张家长要深入了解儿童的特点，有针对性地实施教育，千万不可违反儿童的天性，否则有损儿童身心健康。其五，示范性。家庭和谐的主导在家长，家长以身作则才能言传身教，发挥表率与榜样作用。

家庭是社会的细胞，教育要从构建和谐家庭做起，家庭和谐必须建立在具有良好家庭教育的基础上，经营好家庭对于推进当前家庭和谐、社会和谐有着积极的现实意义。

目前的家庭教育存在着许多缺失：一是教育理念的缺失，把孩子看成是私有财产，没有社会的责任感；二是民主的缺失，家庭不尊重孩子的人格，不把孩子作为独立人看待，孩子在家庭生活中缺少发言权、参与权；三是文化含量的缺失，家庭缺少学习氛围，自身不注重学习，没有高质量的家庭教育；四是共同时间的缺失，家长与孩子共处的时间少，无法倾听孩子的心声，也就无法了解孩子的心理需求；五是情感支持的缺失，父母对孩子成才的期望局限在眼前的外显技能上，缺乏对孩子心灵的理解与支持。

家庭是人生最重要的场所，人生是从家庭开始的。家庭带给孩子什么，往往就决定孩子会成为什么。童年是人生最神奇的阶段，儿童是怎么认识世界的？儿童的个性又是怎么形成的？我们必须很谦卑地承认对这些问题的认识还不充分，需要探索。家庭是人真正诞生的摇篮。人的行为习惯、个性特点、认知风格等，都是在家庭中初步形成的。成人的所有问题，几乎都可以追溯到儿童时代，追溯到家庭生活。

家庭好了，教育才会好；父母好了，孩子才会好；家庭教育好了，教育才会轻松高效，这是一个非常简单实用的道理，需要我们全力践行。

很多时候我们的教师因为忙于工作，忽视了对家庭的照顾，或者有的时候连一个小家庭都照管不好，有的家庭矛盾重重、打骂不断，这样不但影响自身的身体健康，还影响孩子的心理健康，也影响自身事业的发展。其实对于管理者来讲，有这样的教育团队是感到愧疚的。

一直以来我都认为：教师家里孩子的事情、爱人的事情、长辈的事情比起工作来讲更应该排在前列。做管理这么多年我都是这样要求自己的，不论幼儿园的工作多忙，只要老师们因家庭的事情请假，我肯定都是百分之百的批假，并带上班子成员的祝福和问候。因为我知道：一个个小家形成了幼儿园的大家庭，只有小家幸福了，大家才会和谐幸福，只有小家的问题处理好了，才有心情考虑大家，才有精力全身心地投入大家，更为可贵的是这样的管理方式使教师学会了考虑他人的感受，学会了站在他人的角度去思考问题，学会了经营家庭，当然也潜移默化地影响了教育的过程。

我们要永远有这样的认识——照顾小家，温暖大家。工作就是事业的一部分，家庭生活也是事业发展的一部分，家庭的和谐也激励着事业的发展。教师要学会经营好自己的小家庭哦。

_45
把漂亮的本子写满文字吧

相信许多人都有收集这样的喜好，我也如此。我有许多本子，可以说是各式各样，有萌系的、简约的、幽默的、异形的、田园的，大大小小五颜六色，放满了几个抽屉，这些本子每个都很漂亮，它们像自己的宝贝一样，有时候没事还会把它们都拿出来欣赏一下，爱不释手。很多时候我都在想：在上面写点什么才能配得上这么别致的本子呢？每当我决定在本子上写点什么的时候总会暗下决心：字迹一定要漂亮、内容一定要有意义、分类一定要清晰。比如，这个本子要写心情日记，那个本子要写工作感受，另一个本子要摘抄美丽的词句。说干就干，但后来发现翻开每个本子，前几页都是认认真真、工工整整的，到不了十页就会出现要不然本子上没有了下文，好好的本子只用了几页，要不然就是字迹潦草得不成，就连自己都有不认识的，本来漂漂亮亮的本子，现在倒成了摆设。有谁还愿意翻看这样的本子呢？中看不中用的事情还有什么欣赏的价值呢？本来很漂亮的本子，遗憾的是就这样闲置起来。

在中学时大概是受老师的影响，那时班里几个要好的朋友经常会拿出自己的漂亮本子比一比，一是看谁摘抄得多，二是看谁的本子漂亮，这么一来二去的就形成了摘记的习惯，只要看到好的文章、好的词句就想抄下来变为己有。很多次偶然地发现一篇好文章，当时没有带本子，也会把它赶快抄在一张纸上，大概是自己记忆力不好吧，不想让好文章在自己的心里丢失掉，回来后会马上再誊写在本子上。这一习惯已经有20多年了，每次翻开那一堆堆的本子，看着那优美的文字，就会有一种莫名的兴奋心情。这么多年，许多人都在羡慕我的这个习惯，我自己也感到这个习惯确实弥补了自己的许多缺陷，也使自己理解了"不积跬步，无以至千里"的意义。

一个在骨子里就永远奋进、充满激情的人，不论在如何嘈杂的环境和险恶的人流中，都能够把自己的日子过得自然、富有意义。想把自己的日子过得出色吗？只是把本子作为欣赏的工具是远远不够的，还需要把漂亮的本子写满文字。只要学会坚持和守候，快乐就会悄悄地向我们招手！

_46

给自己成长的机会

两个来自不同学校学前教育专业的学生都来参加幼儿园的面试考核。二者相比，其中A从外观上看并不占优势，个子没有另一个高，长相也没有那个同学漂亮，皮肤还有点黝黑，穿着又有些土气，但她始终面带自信的微笑，还露出一颗小虎牙，最后我们破天荒录取了她。

我园的人事干部对每个应聘者都抱着负责任的态度，每次应聘后都会与她们讲一讲幼儿园的应聘条件并帮助分析一下没有被录用的原因。一次，我听人事干部与那个没有被录用的同学聊天："你觉得这次你失败在哪里呢？"她说："我准备的没有那个同学的内容丰富，我仅仅用口头的方式阐述了我能做什么、擅长什么，而那个同学准备得相当齐全，我一看简直都被吓傻了。"

"是啊，她是拖着行李箱来的，里面有自己的绘画作品、摄影作品、手工创意作品、一把小提琴，还拿了U盘，U盘里面展示的内容都是自己利用软件把自己的摄影作品做成的小视频和一些自己学习感受的PPT等内容，让评委都感动不已，连连称赞，这个学生将来做了幼儿园老师一定能做得很优秀，因为她在用心做每件事情，而且知道对方需要什么，自己应该用什么样的态度对待事情。她的行李箱简直就是她的百宝囊，一样一样的作品展示着，那种自信挂在脸上。"这正是幼儿园需要的教师。应聘也好像是教师准备的一节教育活动一样，要有目标、有准备、有想法、有创新，思路清晰，还要考虑到听众的需要和感受。这就是未来我们的课堂，时时刻刻都要把每次的展示当作课程去对待。

其实不仅仅是面试，我们在工作中形成这样的做事习惯也是非常有必要的。那是我刚工作不久，一次大班的教研会上，教研组长问我："朱老师，你帮我们分析一下，你为什么要自己绘画幻灯片来进行教学，你在课程中运用幻灯片的好处在哪里？"她这么一问，让我陷入了沉思，本来自己也没有想那么多的，只不过就是认为幻灯片在孩子们学习的过程中肯定要比挂图有意思，就是这么简单，只要是利于孩子发展的，我就会去尝试。我顺嘴说："幻灯片能够放大啊，幻灯片能够使图片动起来啊。"当时虽然大班老师都对我乐于钻研的精神给了赞赏，但是还是觉得没有很好地回答教研组长的问题。教研会结束后，我拿来了大班的学习目标，用什么样的课程能够实现这一目标呢？有多少故事适于这个年龄的孩子学习呢？用什么样的方式才能够让孩子们理解故事中的难点和重点呢？我又分析了孩子在大班有多少语言领域的课程是需要用幻灯片进行的，还写下了3000多字的反思送到了教研组长的手上，并利用自己喜欢绘画的优势，悄悄地把50多个适合孩子的故事都绘画成了幻灯片，放在幼儿园的资料室，方便其他老师开展活动时使用。教研组长被我务实的精神感动了，向园长极力推荐我做她的教研助手，那是我刚刚工作的第一年。在工作的第三年我就做了幼儿园的主任教师。其实我想说的是：做不做领导并不重要，重要的是：在教育的过程中自己是否成长，孩子是否成长，自己给了自己多少成长的机会和空间。想要成长，处处皆机会，重要的是：我们在这个过程中形成了什么好习惯受益于一生？我们作为教育者应该给孩子们留下什么？怎样才能有优秀的课堂？为成就优秀的课堂，管理者又应提供什么服务保证呢？

机会总会青睐认真努力、有准备的人——这是一条永远不变的真理。其实，我想告诉老师们的是：充分的准备，是对自己的尊重，也是对他人的尊重，如果我们轻视、浪费自己，又怎么能责怪别人对自己不够重视呢？时刻告诫自己：永远都要给自己成长的机会！

47

为什么乐于与你相处

　　有许多人我们非常乐于与他们相处，也有些人我们很难与他们相处或者从心里不乐于与他们相处。原来我们认为这样的人人缘不好，他们找不到与别人相处的方法，也不会有许多真心的朋友，我想：快乐、成功对这样的人来讲都会很难。为什么会有这样的问题呢？难道他们不想与人和谐相处吗？其实，这样的人也希望得到别人的好感，希望与别人友好地交往，希望找到与别人相处的方法。当寻觅很长时间都找不到答案时，他们也会为此苦恼甚至放弃，我作为旁观者也非常想帮助他们找到解决方案。

　　想一想：人们为什么乐于与你相处吗？你有多少乐于与你相处的好朋友呢？大家都可以掐指算算。我的好朋友还真是不少呢，这是多年来我引以为豪的事情，后来我总结出了几条原因，就是我有七条要求自己的标准秘诀，也是我一直以来非常认同的观点，经过自己的尝试我认为是极为有效的方法。

　　（1）有德。对人真诚，为人厚道，心地善良，有规矩，有礼貌，有爱心，大家在一起相处时，让身边的人感到安心、踏实和温暖。

（2）有用。自己要博览群书，热情待人，力争使自己在工作中、生活中成为对他人有帮助的人，能给身边的人带来实用的价值。

（3）有料。让别人在与自己的接触中开心，有收获，能够解开别人心中的郁闷，帮助他人放眼未来，并能够在交谈中打开他人的眼界，放大他人的格局。

（4）有量。在与别人的交谈中你乐于做一个倾听者，在某种决策中你乐于尊重他人的想法并发表自己有价值的见解。

（5）有容。能够充分认可别人的价值，欣赏别人的优势和特色，并乐于给予赞美和鼓励。

（6）有趣。能够经常带给人愉悦的心情，你就是朋友的开心果，让别人与你在一起总有无限的欢乐和激情，总会有无穷的乐趣、智慧与幽默激发出来。

（7）有心。懂得用心用情来交朋友，对朋友有情有义，真情真意，并永远充满正能量。

只要具备这"七个有"的相处法则，相信我们就会像一块磁铁一样吸引着智慧的人、热情的人、积极向上的人、乐于学习的人、能量强大的人，要想没有朋友都会很难哪。愿我们都找到这样的人相处，使自己也成为具有吸引力的人。这大概就是人们常说的人格魅力吧！

48

我们应该与别人比什么

　　中国人的攀比心理是根深蒂固的，想改变确实是很难的事情，比吃、比穿、比房子，女人比首饰，男人比车子，女人比老公，男人比老婆，但与别人比来比去，到底比的是什么呢？幼儿园的一位老师被一个男孩子追求，本来是很幸福的事情，但这位老师不喜欢就拒绝了，而介绍人却一直在唠叨：现在的女孩子都太现实了，男孩子再优秀没钱也是不行的。这话倒有些扎我的心，让我这个好像与世隔绝的人也感到有些莫名其妙，难道我"out"了？难道我跟不上时代了？我不敢相信介绍人的唠叨：难道现在的社会真的变了，不像我们那时候只图男孩子厚道老实、善良孝顺就成了，还有那么多不切实际挑剔的内容。一个男孩子，刚刚工作没多久，哪里会有什么钱，如果女孩子只是图人家有钱才乐于嫁给他，这说明女孩子也不是什么好女孩，起码是个贪图享受、爱慕虚荣、又不乐于付出努力、不思进取的懒惰的人。听有的人一直在耳边说现在女孩选择男友的条件，没房没车的不嫁，有老妈的不嫁，家里没后盾的不嫁……太可笑了，看来，女孩子们都要单身了，这难道是我们园的老师吗？我简直不敢再听下去，开始用心审视着老师们选择男朋友的条件。

一次与一名快三十岁依然还没有交到男朋友的老师聊天，她直言不讳地告诉我，现在真正有内涵的男孩子太少了，我还真有些不认同她的观点，她说："许多人都在传播女孩子爱钱了，看人家有钱不论年龄大小，都敢跟着跑，男人和女人之间还有什么真挚的爱情可言，也许社会上会有这样的现象，但我一直在追求不看外表、只看内涵的好小伙。"我问："什么样才是你心目中的好小伙呢？"她给我讲了她刚刚分手的男友的情况："现在的男孩子自认为女孩子没有看上他就是一个方面——嫌他穷，没有什么积蓄，只是用钱来衡量他们的能力，其实，对于我们女孩来讲根本不是那么回事，但你越是解释，男孩子越会认为就是他没钱我们女孩子才会看不上他，把女孩子贬低得简直就是为了嫁给人家的钱一样，气得我简直不得了，我一再解释，我只注重男孩子的内涵，他逼问我内涵是什么？我气得一股脑地质问：'你做过义工吗？你考虑过别人的感受吗？你看到不良的风气勇于揭穿吗？你有过什么奋斗的过程吗？你有过什么在努力中失败的经验吗？这些要求要是高的话，那你横穿过马路没有？你乱扔过垃圾没有？你说过脏话没有？琴棋书画、诗歌词赋、武术健身，不算打游戏你有一技之长没有？你有什么内在的东西值得我嫁给你呢？能不能把自卑的心理变成自强啊？'男孩子让我质问得哑口无言！"

是啊，女孩子要找到优秀的男孩子真是不容易呀，弄不好就当剩女了。与我的老师谈完话后，我的心坦然了，她们知道应该选择什么样的人作为自己的终身伴侣，没有那些疯言疯语传播的教师的拜金思想。但我也在纠结，教师要求的内涵又有多少的男孩子拥有呢？希望男孩子不要一味地攀比金钱，真的要好好向内涵发展哦！因为，比钱，你丢人；比内在，搞不好你更丢人。

49

幽默感
——让身边的空气清新、有色彩

每年幼儿园都会有年终考核，考核时必定要有给教师背对背打分的环节，给谁打高分，给谁打低分，关系到教师的奖励、奖金以及被淘汰等，可以说关系到教师直接的命运。在互相评价的过程中，什么人最能够得到大家的认可，成绩分数遥遥领先呢？

我发现了一个现象，什么人不容易得高分呢？那些专业能力强但性格冷漠的，把时间一味地用在对事业追求的孤僻者；平时对别人讲话比较直率，按自己的性格为人处世，不考虑别人感受的人；不论事业和生活都自私的人；在背后嘀嘀咕咕、婆婆妈妈的人。这些人不容易得高分，人缘不好的老师总是不会有高分的。那么，什么人容易得高分呢？那就是热情的人、乐于助人的人、积极向上的人、宽容大度的人、充满正能量的人。还有一种人容易得到高分并应引起注意，这就是幽默风趣的人，她们永远有一张笑脸，好像从来没有什么困难能够难倒她，多大的难事到了她这里都能够迎刃而解，从来没有什么烦恼能够阻拦她。她的幽默和智慧让大家都喜欢接近她，什么事情都愿意与她商量，有时甚至乐于倾听她的批评和指责，最重要的是话从她嘴里说出来让你听着就舒服。这绝对是一种能力。

我园就有这样的老师。今天，孩子午睡时间我去转班，又听到了她与另一个教师的对话，憋不住想笑："浩浩刚上了厕所又要去，明明就是捣乱，我就是不让他去，谁猜想他真往床上尿啊。"班里的老师向她解释着孩子尿床的原因。"那通过这件事，你明白了什么，有些事情啊是不能强人所难的，宝贝会给你点颜色看看、味道闻闻、童子尿洗洗——亲密接触一下吧。"班里的老师吐了一下舌头，乖乖给孩子清洗被褥了。她可真有方法。我猜到了老师们为什么在学期初分班时都抢着与她一个班了。

在我们的生活中，有才能的人不如有情趣的人能让身边的人更喜欢，最出色的人往往是性格活泼开朗、给别人带来快乐的人。在美国对一个人最高的赞美和评价不是夸奖他知识渊博、勤奋肯干、刻苦努力，而是夸奖他风趣幽默，当然，如果评价一个人很无趣，那也就是对他最刻薄的打击了。

我一直认为，人的幽默感出于智慧才华、出于学习成长、出于良好的心态、出于美好的性格，更出于对他人的尊重。

幼儿园老师要修炼自己具有这种幽默感，因为幽默感是生活和工作的必备品，就像生命中的阳光。我们在与家长的接触中、在与孩子的课程里都需要幽默与智慧。在美国，即使是名人政要也要具有幽默才华，就是我们看到的最严肃的政治演讲，通常也像是在讲脱口秀一样，演讲者在台上手舞足蹈，又说又唱，又笑又跳，台下掌声、欢呼声和笑声响成一片。给别人带来欢笑，何乐而不为呢？

作为园长，不是板着脸就能让人有敬畏之感、魅力之爱，幽默感更能激发教师的智慧和创造力，让身边的人在快乐中学习成长吧。因为，乐观的人会让我们呼吸的空气都会新鲜、有色彩。

50_
聪明反被聪明误

　　曾听到过这样一件事情，一个学生大学毕业后到了德国读研究生，因为家庭不富裕，总是半工半读，后来他发现当地的公交系统是开放式的，不设检票口，也没有检票员，买票全凭自觉，根本没人管理。

　　这个发现让他惊喜，他精确估算了一个概率：逃票被查的比例大约不到万分之三，简直可以忽略不计。之后，他便经常逃票乘车，同时还在心里宽慰自己，我还是个穷学生，就是被抓住了也会原谅我的。三年过去了，名牌大学的硕士文凭和优异的学习成绩让他踌躇满志，他频频地向跨国公司推销自己，然而得到的都是婉言拒绝。他实在是莫名其妙，到人力资源部去讨说法，结果使他始料未及，对方告诉他："从工作能力上来看你是个人才，遗憾的是你的信用记录很糟糕，因为你有三次逃票的处罚记录。"他不可思议："就这么点的小事，值得你们失去人才吗？"对方说："对你来讲最大的问题就是把逃票当成了小事情，对我们来讲这可不是个小事情，我们注意到，你第一次逃票是你在来我们国家后的第一个月，检查人员相信了你的解释，因为你说还不熟悉自助售票系统，只是给你补了票，但在之后你又两次逃票记录，我们不能接受你的解释，因为你知道我们的系统逃票被查到的概率是很低的，这证明你不尊重规则，不仅如此，你还擅长发现规则的漏洞并恶意使用，我们更希望找到自觉遵守规则的人，值得信任的人。"是啊，为什么我们社会出现了很多利用互联网盗用别人银行卡的现象，把人家银行卡里的钱窃为己有？为什么印刷假币的小作坊都能够破解真币的防伪系统，使假币与真币在一起比较都很难辨识出来？让我们这些普通人看来都不可思议、望而生畏的事情，一些所谓聪明人做到了。我时常想如果这些人把精力都用在现代化的建设上，一定能做出很了不起的成就，为什么偏偏要做这种鬼鬼祟祟的事情呢？其实生活中是有许多漏洞可以被人们发现的，但生命不应该有漏洞和瑕疵。

在工作中，幼儿园为了节约成本，经常会少用人员或者没有办法设置复杂的监督系统，有监督也会有监督不严的漏洞，就像欧洲的交通系统一样，如果每个人都把精力用在钻空子上，我们就没有办法雇用这样的人进入幼教队伍。我们需要有真聪明、有大智慧的人加入幼教队伍。自作聪明的人只能是伤人又伤己。教育者需要自我管理，那些所谓监督制度也只是为某些人准备的。

51_

爱的守则

一个朋友讲了他在日本的宠物店门口看到的一则告示，感动得热泪盈眶，与大家讲讲，分享一下，看是否能给我们一些启示。

宠物店玻璃上贴着这样一段内容：

宠物会给主人的十大叮咛——

（1）决定把我带回家之前，请记住我的寿命只有10～15年，若你离弃我、嫌弃我，会使我产生最大的痛苦，请不要伤害我。

（2）请对我要有耐心，你要给我时间让我了解你，等待我，慢慢来，不要有急躁的心情，否则会让你与我在一起很不高兴，这是我不愿看到的事情。

（3）信任我——那对我是很重要的事情。

（4）请别对我生气太久，也不要把我关起来惩罚，您明白吗？您有您的工作、朋友、娱乐、社交，而您是我的唯一，我只有您。

（5）请时常要与我说话，不要认为我听不懂您说话的内容，其实，我是能够感应到您声音的陪伴的，这样我就会快乐而不孤单，并感受到您对我的重视与爱护。

（6）您如何对待我，我都永远铭记在心里。

（7）您不高兴时打我，用我出气的时候请记住，我拥有可以咬碎您手骨的尖锐的牙齿，我只是选择不做这样的事情。

（8）当您想责骂我的不合作、固执或懒惰时，请您想一想，是否有什么正在困扰着我，不要一味地发脾气，伤害了自己的身体，想一想，或许我没有获得想要的食物，或者正在与您撒个娇，或者没有在温暖的太阳下奔跑，或者是我的身体出现了什么状况，等等。

（9）在我年老的时候请您要好好地照顾我，因为您也会老的，您要会给身边的人传递爱心。

（10）当我要度过生老病死最辛劳的历程时，请千万要陪伴在我的身边，不要说"我不忍心看着，我不想在现场……"这样的话，要知道，只要有你和我在一起，所有的事情都会变得容易接受，请你不要忘记，我永远爱你。

朋友讲完这十条爱的守则，我已是泣不成声，浮现在我眼前的画面除了有一条不论主人在顺境还是逆境都永远忠诚陪伴的狗狗外，还有就是我作为一名教师对孩子爱的守则。

幼儿园是充满爱的乐园，我们会承诺爱每一个儿童，但怎么爱？如何爱？用什么方法爱？这十条内容就像是孩子们对我们的爱的诉说，也是我们应该遵守的爱的守则！

52_

学会表达真感情

　　在这个世界上，能将腿直接长到嘴巴上，大概除了奇特的章鱼就只有乌贼这个怪物了，它身上的颜色也能赤橙黄绿青蓝紫的变化，令它的对手眼花缭乱。曾经有人做过实验，将乌贼放在黑色相间的马赛克上，乌贼身上顷刻间就出现黑色和白色相间的马赛克花纹，乌贼为什么总是会变换身上的颜色呢？其实乌贼除了要保护自己外，最重要的是表达感情，乌贼一会儿阴沉灰暗，一会儿孔雀开屏，都是为了表达爱意。一次在北京师范大学学习的一个老师在自由提问环节问了我这样一个问题："朱老师，你是怎么与爱人表达感情的？如果对方生气了，你会怎么做呢？"当时面对这样一个问题，作为讲师来讲我有些不知所措，甚至还有些责怪学员老师们怎么会提出这样的问题来。但职业的情怀和精神告诉我：生活也是事业的一部分，时时处处做好教师的榜样，是对一个教师的要求，做一个培训者也有可能会被问到与专业没有什么关系的问题，表达感情这样的话题与我们教师的工作也是息息相关的。我告诉她：拿出你的真情实感来就好了，把你的真心真意表达出来就是最打动人的。

　　现在我们谁还有时间来表达感情呢？谁还乐意表达自己的真感情呢?又还有谁会理会别人的表达呢？要么说时间不够用，要么说任务太多，要么就会讲自己在工作上有了倦怠症、有了焦虑症，一大堆乱七八糟的理由麻痹着人们的思想，看来这方面我们的教育者要向乌贼学习。其实，表达感情是在自然而然的生活中发生的，没有刻意的雕琢，没有施加任何的粉饰，它是一种沁人心脾的真实的感受，是一种内化为品质的外在流露。

　　做教育就需要这种真感情，也需要向周围的人表达这种真感情，向孩子、向教师、向家长……表达能使对方感受到心灵的滋养，表达能使对方体味到真实的美好，表达是教师的基本能力和素养。

　　世界因表达而变得美丽灵秀。你是否与周围架起了表达情感的绚丽彩桥呢？

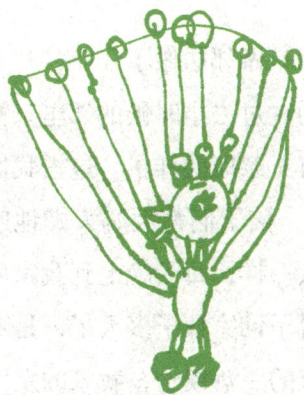

53_
让心灵拥有归属感

　　妈妈说我在小的时候最不想看到的就是老师在评语上给我批阅的"这个孩子不太合群，每天都喜欢独来独往。"妈妈说这个比学习成绩差还要让她着急呢，原来我并不了解妈妈说的意思，以为只要我学习成绩好就成了，门门考试满分，还关注合群不合群干啥？慢慢长大，我越来越意识到合群是非常重要的能力，谁都不愿背上不合群的名声，因为每个人都强烈地希望具有"集体的归属感"。

　　现在，我发现了一种莫名其妙的现象，就是做邻居做了几年，都不知道人家姓甚名谁，能彼此打个招呼就是好的。过去小时候的邻里亲情不知什么时候跑得无影无踪，就连亲戚都没有了亲戚的样子。过去我们村子里的人都彼此认识，见面都要打个招呼，孩子们都大妈大婶地叫着，还都排着辈分，整个村子的人都像一家人一样，每天晚上到我家串门聊天的人就络绎不绝。记得妈妈能把整条村子谁家孩子多大了，是哪年哪月哪日出生的都能讲出来。吃饭时，你家的一盘饺子，我家的发面饼，他家的包子，都会跑到各个家里去。家里孩子小了的衣服也洗得干干净净的，大家都可以共同享用，村里的孩子们都是吃百家饭、穿百家衣长大的，这在当时是村里的佳话，大人们认为这样的孩子身体长得结实。我还真是相信这一传说的，现在想起小时候的情境都有无限的甜蜜。

现在，多数人都只会与临时"有用"的人交往、接触，交往中带有很强的目的性，这种快速的交往、又快速的疏离充斥着整个社会，形成了人与人之间的冷漠现象。我们只生活在由职业、阶层和经历等划分的相对封闭的小圈子里，在这样的环境中寻觅温暖真是很难，当我们蓦然回首，发现辛辛苦苦生活在这个圈子里几十年，真正的朋友却寥寥无几。

在网络上，成千上万的人可以一起喜欢某一个明星，认同某一个人的观点，从微博的粉丝圈到微信群，设计者都力图满足人们对归属感的深度渴望，但不论哪一种"群"，都是虽有群体而无归属感。

我理解的归属感是能给人心灵抚慰的团队力量，是为了实现共同目标而彼此欣赏和扶持的理想信念，是满足每个人个性需要的丰硕良田。为了暂时的事业成功，我们封锁了自己的内心，压抑了丰富的天性，彼此充满狭隘的嫉妒，这是我们想要的生活吗？我想回答肯定是两个字："不是"，那么我们需要什么样的生活呢？

在幼教工作中，我们希望打开教师的心灵之窗，消除教师间的隔阂，让教师彼此忠诚和体谅，乐于为幼儿园集体发展服务，从而真正享受归属给予人的踏实、向上之感，找到心灵的真正归属地。

54_

期待效应带来的启示

　　日常生活中，我是一个大大咧咧的人，也不怎么考虑穿衣配色什么的，柜子里永远是黑色、灰色，它们成了我的主色调。许多朋友都建议我也穿件带点其他颜色的衣服，换换色彩，尝试一下色彩的魅力。我是个经不住朋友三劝、耳根子又软的人，也曾经想让自己的穿衣色彩丰富起来，但内心却根本没有办法接受，只要是穿上带色的或带花儿的衣服，一点儿都不夸张，就像借别人的衣服一样，怎么看怎么别扭，那就是一个不舒服，简直是没办法出门。我自己感觉世界上五颜六色、绚烂夺目的服装都与我没有什么特别大的关系，而且，还总以这样像个男人似的性格而颇感自豪呢。

　　某年"三八"节前夕，一个朋友介绍我认识了一个服装色彩搭配师，想在女人节这一天请她给女老师们讲一讲皮肤与服装色彩搭配的课程。我满不在乎地问："这还有课程啊？那先看看我适合什么颜色吧。"没想到她倒问开我了："您对自己的穿着有什么期待吗？"我说："啊，对穿着还要有期待啊，舒服，自己不别扭就行呗，喜欢什么就穿点什么呗。"她用简单的一句话就评价了我："您的穿衣没有讲究，生活也就缺少了一缕色彩。"

她用一块块的布料在我的身上反复地比较，看看布料颜色再看看我的肤色，还不停地问我：你喜欢这个颜色吗？你穿过这种颜色的衣服吗？你有什么感觉？她这样来来回回地比，把我摆弄得心里都有些烦躁了，夹杂着有些不好意思、不知所措，于是我索性讲："我的衣服基本上没有什么色彩，都是黑色和灰色，其他色彩穿在我的身上都很别扭，您就别费力气了。"她好像没有听到我说话一样，问我："您看，这个花纹怎么样，很适合您的肤色。"我开玩笑说："花纹本身很好看，但是与我没关联。"

这次与服装色彩搭配师的见面，虽说不是很顺，但我自己也颇有震动。我是一个关注内心的人，从没有注重外表，小时候就受这句话的影响：腹有诗书气自华，总认为注重外表那是华而不实的东西，是浅薄无知的表现。我每天虽然也一样洗脸、穿衣、擦油、涂口红，但对外表没有太花心思。身体只是自己的工具，只想着使用它，而没有思考过打扮它，更不要讲对自己的服饰打扮还有什么期待效应了。看来什么都需要学习。没有关注到身边的色彩，又怎么能热爱生活呢？没有关注到身边的色彩，又怎么能把色彩与教育、与环境、与儿童有效地衔接呢？有多少人面对着五光十色的世界，即使是睁着眼睛，也看不到美好和色彩呢？

一个人对自己的事业有期待，对自己的内在发展有期待，对外表一样要有期待。拥有丰富而强大的内心，加上自信而有魅力的外表，我们就一定拥有能量去热爱生活、探索世界。

55_
让自己的心更年轻

　　庄子主张顺其自然、无为而治，享受无拘无束的快乐，这样的人才是自由的。

　　其实，现实生活中人们大多都过于忙碌，身体疲惫的同时心灵也衰老得很快。都说人逢喜事精神爽，一个人精神状态的良好对于身体也会有很大的帮助，每天保持好心情的人从面部看也会显得特别年轻，在某种意义上心理年龄才是一个人的实际年龄。我们都希望自己的面相比自己的实际年龄年轻，但每天有忙碌的工作、干不完的事情，怎样才能做得到呢？多年不见的老同学见面后总会讲："你都没有什么变化啊，什么原因呢？怎么保养的？"一连串的问题，问得你心花怒放。是啊，幼儿园的工作可谓细、碎、忙、急、累，每天都是在忐忑不安、烦躁焦急中度过，哪有保养皮肤的时间和精力，但不夸张地讲，确实幼儿园的老师都像孩子一样，永远长不大，耐老。我想原因有三点。

　　第一，我们总是站在孩子的角度思考问题，理解孩子、尊重孩子、欣赏孩子，自然也就变成了孩子。

　　第二，我们总是与孩子玩在一起，老鹰捉小鸡、老狼老狼几点了、丢手绢等既经典又家喻户晓的游戏，每天老师们都参与其中，当然也就享受着孩子们的快乐。

第三，与孩子在一起，想的都是孩子们的事情，没有时间钩心斗角，也就没有了嫉妒、没有了猜疑，在孩子面前你就是一个透明的人，不需要任何的做作与掩饰，你就是你自己。

时间就是一条潺潺的小溪，在溪流中，我们是想抓鱼还是将水草都完全掌握在自己的手里？其实不仅是时间、劳累、辛苦会让我们的面部衰老，心态也极其重要。永远年轻的心不仅需要我们放松心情，理顺心情，还需要我们用勤劳、用双手、用智慧去永葆。想孩子想的事、做孩子能做的事吧，让自己的心永远年轻。这样，你的面容也会像孩子一样年轻、纯真。

56_

让好情绪流动起来

　　讨厌坏情绪，是因为它带给我们不好的感受，不论是自己还是身边人的坏情绪，当它来到时，我们都会下意识地阻拦、拒绝、避开。这几乎是一种本能的反应。

　　我们作为管理者，要帮助教师分析、评判情绪，找出情绪的根源并化解它。自我分析认为：坏情绪来自于自己狭隘的心胸、来自于自私的想法、来自于嫉妒的情绪、来自于别人对你做法的不支持与不认可、来自于自己教育观念和能力等诱发的不适应。大多数人都爱听表扬、听赞美，只要听到别人的批评就开始耍态度、闹情绪。一次，听一名园长讲了这样一件事：一个教师在组织活动中谈到了动物园，本来想借助动物让孩子了解动物有多少条腿而让孩子点数，可孩子对参观动物园的话题讨论使教师的课程无法进行下去，孩子们各自讲着自己到动物园的感受，你一言我一语的声音一浪高过一浪，使课堂根本无法安静下来，谁都听不到教师在讲什么。没有别的招儿，教师只能用高过孩子的声音大声喊叫，使孩子们一下子安静下来，教师的声音像震破了天，声嘶力竭的喊叫声加上凝重的表情，引来了很多教师的关注。为什么教师会用这样的态度对待孩子呢？园长用什么样的方式对待教师这样的表现呢？其实针对这种现象，很多幼儿园的管理制度是很严格的，会以道德的范畴来定论教师，说服压制教师不应该用这样的情绪来对待儿童，谈认识、理思想、写检查。但是，我们可以试着理解一下教师的心情，从教师的本意分析：她们肯定不想这样做，只是没有什么好办法和教育的策略，只有通过大喊大叫或是用小棍敲击桌子，这样的方式最快捷、最有效，能让教室迅速安静下来，何乐而不为呢？这个我是能够理解的，也真是难为教师。试问一下，我们管理者在指导教师的过程中，告诉过教师应对这种问题的好方法吗？

　　一般来说，教师的负面情绪是很难发泄掉的，因为面对的是孩子，身份又是教师，没有理由发泄啊，只有控制自己的情绪。园长应该怎样对待教师的负面情绪呢？唯有理解、善待、帮助和引领：理解教师的困惑，善待教师的压力，帮助教师的认知，引领教师的成长。首先让教师体会到周围人的关心与帮助，及时引导、舒解教师的负面情绪，让教师感受到工作中领导、同事对自己无限的体谅和爱护，避免过激行为对儿童的伤害。然后我们可以请教师在全园会议中商讨、讲解情绪对自己身体的影响，自己的不良情绪是怎么来的，如何克服自己的不良情绪等。一般教师在课堂上出现的不良情绪都会事出有因：一是缺乏教育技能，出现问题后无所适从；二是孩子没有达到自己心理预期而出现的焦虑反应；三是自身身心不适带来的烦躁不安。

　　每个人都会有情绪，良好的情绪会给人积极乐观的正向引导，会给予人好心情、正能量。愿每个人每天都有好情绪，让好情绪流动起来。

04 幸福

感悟

幸福就在一念之间

　　先进的教育观念，会打开我们的思路，开阔我们的视野，让我们充分享受到教育的幸福和成功的快乐。它应该是浓浓诗情，给人一份关爱、给人一片温馨、给人一缕阳光、给人一线希望，它会使野蛮变成文明，这就是教育的艺术，这就是教育的诗意。教育的本质就是创造幸福，是创造社会的幸福，也是创造自己的幸福。有位诗人说："教育不是牺牲，而是享受；教育不是重复，而是创造；教育不是谋生的手段，而是生活的本身。"教育者应该庆幸能在教育中享受与孩子一起成长、收获一路幸福体验的过程。学会面带微笑才能享受生活，懂得播种快乐才能收获幸福。

_57
严谨的金字招牌

我曾经听瑞士的朋友讲过：凭借着瑞士极为严谨的金字招牌衍生出许多其他产业，比如热卖的瑞士铁路牌时钟，在瑞士的每个火车站、公交站、电车站，甚至渡轮的站台，都能看到它们的身影。据说每天的凌晨，都有专门的工作人员开着车挨个站台检查时钟是否准点，甚至必须精确到秒。朋友打趣道："你可以不相信自己手上戴的瑞士手表，但绝对要相信站台上瑞士铁路牌时钟！"正是因为它的准确无误，所以瑞士人理论上就没有迟到的借口。

瑞士铁路的严谨几乎渗透每个角落，当然也形成了它特有的文化。我有个朋友是学建筑的，在写毕业论文时需要收集一些数据，于是写邮件给瑞士的铁路部门，询问过去十年来为了铺建铁路所挖掘土壤的吨数，结果在回复的邮件中对方发来了十几页的表格，里面不仅详细记载每一段铁路挖掘土壤的吨数，而且还标明这些土壤分别运到了哪些地方，后来又做了哪些用途，这些保存了十年的数据让瑞士人自己都叹为观止。

在瑞士，每天有许多人都是坐火车去上班和上学的，许多人都是不折不扣的"火车忠实的粉丝"。瑞士所有的交通工具都有严格的到站和发车时刻表，即使每天踩着点出门也不会迟到，不仅因为它的准点，还因为它的便利周到，与五星级酒店相比也毫不逊色，供人休息的木椅、温暖舒适的候车室、温馨的残疾人专用道、可以放滑板雪橇的专用车厢、提供玩偶积木的儿童游乐车厢，在细节上可谓只有你想不到的，没有铁路部门做不到的。

瑞士铁路严谨的金字招牌也在无形中影响着车厢里每个人的生活态度，他们有的在车厢里默背单词、有的忘我工作、有的看书做笔记，此种情景已经成为一种常态的自然与习惯，车厢俨然已经成为人们出行不可或缺的流动的家！

由此我想到自己的工作环境，要想让幼儿园成为使我们每个人都感到温暖、舒适、不可或缺的家，可不是那么容易的，这需要从每个人的需要出发，从每个细节入手，要像瑞士铁路的钟表一样精益求精，让幼儿园衍生出智慧，得到每个人的认可，成为每个幼教人流动的家。

58

我被照顾了

被照顾是什么感觉？我们平时很希望得到别人的关注、关照，也经常会讲：谢谢关照。被照顾是大家的一种需求。但我经常会讲：什么人需要关照？为什么需要别人的关照？一次郊游爬山的活动中，我本来自己背着个双肩包，手里拎着好吃的，想借着这个机会为大家好好服务一下，结果呢，双肩包不知道什么时候已经跑到了其他老师的手里，手里拎的好吃的也都提在了同事的手中。说实在的，当时我心里还很窃喜，老师们真是懂事啊，但后来想一想：老师们为什么会照顾我呢？我有些不敢想下去了。老师们背着自己的包爬山，本来就很难了，还要背着我的背包，拎着我的食物，我想这一定不是他们的真实意愿吧。认真分析原因，我想可能主要有以下几点：一是老师们都认为我的年龄大了，帮我背包就是照顾老人；二是我拿的东西多，大家都乐于共同分担，说明团队团结；三是我的身体不好需要被照顾，说明大家真诚理解；四就是因为我是个园长，大家把我当作领导，都在照顾我。前面的三个原因能够看出一个团队的集体凝聚力、互相帮助的向心力、关心他人的利他性，这三个原因是我很乐意看到的，但第四个原因是我不能够接受的。

园长是什么？在幼儿园的角色应该是什么？教育部出台的《幼儿园园长专业标准》已经告诉我们：园长首先是教育者，再是领导者，最后才是管理者。园长是教师的首席，只是一个普通的教师，为什么需要被人照顾呢？教师们照顾的是我本身这个人还是我这个园长的职位呢？被照顾是我们的心里需求，也要成为教师的真实意愿，这是作为园长应该反思的。与老师们在一起，我想成为不被大家照顾的那个人。因为不被照顾，说明我已经走进了老师们的心灵世界；因为不被照顾，使我成了老师们的挚友、伙伴，他们可以随意与我谈天，与我交流真实的思想，与我讲他们的心里话，与我唠家常。我想，这才是一个园长所需要的情感，这大概也是教师对园长的真照顾吧。园长，需要这样的被照顾。

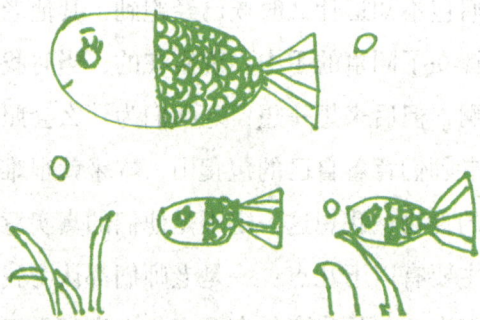

_59

成为自己心的主人

　　有一次，我问一个学习佛学的人，学佛的目的是什么？他告诉我，人生的一切苦难大多产生于我们的那颗心，修行的主要功课是心的调伏，通过观照自己的心，使自己成为身的主人，成为心的主人。说实在的，听了他的解释，我还是一知半解不明白。我的理解就是身心合一。

　　一首歌的歌词中这样讲：人生就是一场游戏。是啊，在欲望沉浮中，把生命抛到很远很远，最后，只为找到很近很近的那个简单的自己。生活中，常常是在追求不了的时候才去努力地追求，在味道尽去的时候才想起去品尝，在没有健壮身体的时候才想起去保养和锻炼，有美好人生的时候却过得支离破碎，年华尽失时才会拾捡一些碎片拼接完美。其实，不是日子重复导致的枯燥无聊，而是有时候我们因为没有了信念、少了奋斗的目标，只剩下枯燥和无聊。虽然每天的日子都在重复着一个又一个今天、明天和后天的轮回，但重复赋予人的本质和意义是不同的。

　　有人一天到晚是在麻将桌上度过的，面对的麻将块就是那么多，也没有任何的变化，重复的动作就是洗牌、码牌、打牌、推倒牌，像我这个从来都不打牌的人真是难理解，屁股坐上一天，眼睛盯得眼花缭乱，烟熏火燎不算，难道就不腰酸腿痛、心力交瘁吗？人家和牌不着急吗？那得需要多么好的心态和坐功啊。我有时还真是佩服打麻将的人的本事呢，因为打麻将的人没有一个喊累的，乐此不疲，谈笑风生。我曾多次问自己：这是为什么呢？后来我似乎找到了答案，那就是：上瘾，有乐趣。

其实，上瘾，才是快乐生活的关键，瘾就是情趣，瘾就是随自己的心，只要随了自己的心，人生的字典里就没有了"累"。让工作、让幼教事业随心，成为我们自己心的主人吧。

_60
有一颗永远不老的心

一个晚上，我忙里偷闲来到国家大剧院看了一场话剧《宛平人家》，讲的是抗日战争时期宛平人家发生的真实故事。放眼望去，70%的观看者都是老人，白发苍苍、满脸沟壑，但并不妨碍他们专注的眼神，他们时而眉头紧锁，时而愉悦欢笑，又时而满含泪花。相比之下，在场的年轻人则显得心不在焉，手机就没有离开过手。演出大厅里黑漆漆的，只有一束光照在舞台上，因此手机刺眼的亮光照在年轻人的脸上特别显眼，看着年轻人也就是个大学生的样子，但学生的朝气蓬勃在他们的脸上我是找不到痕迹，可以说是荡然无存。我看到的只是木讷与麻木不仁，真不知道这些年轻人是干什么来了。我的心里莫名有些不是滋味，是年轻人不珍惜学习机会的状态刺伤了我，还是他们无视"七七事变"的历史让我感到心寒呢？明明是到大剧院来欣赏话剧、了解历史来的，却非要在剧院里玩手机，一眼都没有观看故事的内容，还不如在家里玩游戏呢，为什么还要到大剧院里装腔作势呢？是不是我们"填鸭式"的教育导致人们对非应试知识习惯性地漠视？还是年轻人认为已经进入大学或参加工作就不需要任何学习和积淀了呢？手机里的游戏就这么有吸引力，以至于来到大剧院看演出都在玩手机？我们经常喊的可持续发展、终身学习又会在什么地方体现呢？在什么人的身上体现呢？

我认为：人的衰老不是看脸部的皱纹有多少，而是体现在文化的沉淀和对精神领域的不懈追求上，学习不只是因为有用才被需要，而是要成为一种习惯、一种生活方式、一种人生享受。教育者不能有年事已高的怠慢心理，更不要有服老的认命心理。教育的目的不仅是为了生存，还包括对这个世界拥有更透彻的理解和了解的追求，永远保持好奇心。更重要的是，这种不断前行的状态会让我们忘记年华的流逝，永远保持着一颗年轻的心，因为评判人老态龙钟的标准一定不是脸上所看到皱纹的多少，而是我们对学习的渴望，对新鲜事物的好奇心和求知欲。我们要在现实生活中多关心一下年轻人，引领他们找到兴趣和爱好。愿教育者永远青春永驻，具有一颗永远不老的心。

_61
不给别人添麻烦

我有一个习惯，每次到外面住宿离开酒店的时候都会把床铺整理一下，洗过澡以后，都会把地漏做好清洁，尽量把房间恢复成刚进来时的样子。我想：这样，清扫的阿姨就会感受到我对她劳动的理解，会对我们住宿的人刮目相看，最主要的是尊重别人的劳动，会让自己心情愉悦。也许有人会说：你与清扫的阿姨永远都不会见面的，阿姨高看的一眼对你来讲根本没有任何的价值，再说，你把事情都做了，还让清洁阿姨做什么呢？但是，我不这么认为，我觉得这就是教养，在他人看不见的地方能这么做更显得可贵。

看得见的教养是容易做到的，因为慑于周围人的压力，有一些自尊心的人都会努力拉近自己与文明的距离，难的是看不见的教养，在乌合之众中，谁还能保持优雅和教养？这恰恰能够体现出教养的可贵。在外吃饭，不小心把饭菜撒在衣服上，你是把撒在衣服上的饭菜自然地甩到地上，还是小心地把残渣清洁干净，并且把地上不小心撒掉的饭菜擦干净包好扔在垃圾桶里呢？虽然把饭菜的残渣撒在地上也不会被人批评，虽然并没有机会与餐厅的服务员认识，虽然你去收拾反而会被某些人指责是多此一举，但在无外人约束时保持敬畏之心恰恰是考验有无教养的关键。

　　教养不是道德规范，不是行为准则，也不跟文化程度、社会发展程度、经济水平挂钩，它是一种体谅、一种善良、一种对别人的理解，不因为自己的做法让别人感觉不舒服，这就是教养。

　　愿教育者成为有教养的人——不给别人添麻烦。

_62

听听心中最初的声音

　　做幼儿园教师是不是你一辈子的最爱呢？问问自己内心，你就会找到答案，找到答案后，才会知道自己的方向与目标。如果自己内心没有了信念，而是人云亦云地生活和工作，那我们的生活一定是乏味的。

　　在许多教师来我园应聘并声称想做一名幼儿园老师时，我都会问：你们知道幼儿园每天的工作都做什么吗？你的理想是什么？怎么实现你的理想呢？每当听到教师为了得到这份工作，尽力表达自己喜爱每一个孩子，对孩子有耐心、有细心、有责任心时，我都觉得这是他们背诵下来的条条框框，是课本上的书面语言，也是对教师工作的要求和美化。其实，幼儿园每天的工作平平淡淡、琐碎无味，需要教师在琐碎中找到乐趣和价值。要想每天都能做到有耐心、细心、责任心，实属不易，甚至是难于登天。所以只要有人选择做幼儿园教师的时候，我都会先给她打退堂鼓，我会把幼儿园教师的辛苦——每天不厌其烦重复的话语、每天事无巨细永远都没有头的工作任务、每天叽叽喳喳在耳旁说话的孩子、永远吵吵闹闹的声音、每天都要写的教案和孩子的学习笔记等事情，统统地讲给新入职的、想做幼儿园教师的应聘者听，让她做好思想准备：这是你一生选择的事业，你是否能够真心地接纳它？问问自己能不能行？是否能够把这一切嘈杂的声音都当作悦耳的音乐、当作自己想倾听的声音、当作乐于一辈子去倾听的声音？只有问问自己的内心，才能够知道是否乐于坚持与付出努力。如果问了自己若干遍以上，都还是义无反顾地想带孩子，每天带孩子，每天看到孩子，每天与孩子玩在一起，那你可以试着去从事这一工作。因为我知道，幼儿园老师是一个能人不乐于干、孬人做不来的工作，能做好幼儿园工作的人，首先是能人，然后是真正爱孩子的人，是善良的人、热情的人、善于钻研的人，是能够观察到孩子所需并实施科学教育的人，是乐于为每个孩子一生发展负责的人。我会跟应聘者说，千万别因为自己眼前没找到工作，所以匆忙踏入幼教领域，要一直不停地要求自己再次听一听心中最初的声音，如果经历了这么多纷繁复杂的事情，还依然乐于从事幼教工作，那就坚守这颗初心吧。

_63
路边篮子里摆着的柿子

一个寒冷的冬天，我听课回来，下了公交车就连跑带颠，本想用跑步来赶走身上的寒意，快到幼儿园时却被路边一篮柿子吸引了。冬天到处都是光秃秃的，衬得篮子里金黄的柿子越发显眼和诱人，这么冷的天气，是谁在地上摆了一篮柿子呢？摆摊的小商小贩早就跑得无影无踪了，还有谁在摆摊卖柿子啊？我正这么想着，定睛一看，原来是一位白发苍苍的老爷爷正蹲在篮子边上，路人都在匆匆赶路，很少有人驻足，我也飞快地走着，想驱走身上的寒意，三步两步已经走过了那一篮柿子，只听到大爷吆喝道："姑娘，买几个柿子吧，是自己家里种的，好吃着呢，不信尝尝吧。"听到大爷的声音我回过头去，他正向我招着手，真不忍心无视他的热情，我走到了他的跟前，与他打个招呼："大爷，这么大冷的天，您还在卖柿子呀？还不回去吗？"大爷说："就这么一篮子柿子了，也不想再拎回去了。"大爷告诉我他是从房山那边坐车过来的，自己家树上结的柿子，看着黄澄澄的很是可人，就摘了些来卖，一来给家里添些零花钱，二来也好给孩子们买些文具什么的。看着老人干裂的手和脸上深深的皱纹，我说："大爷，您这柿子怎么卖呀？"

大爷说："本来是两块钱一个的，这天气太冷了，我也就一块五卖给你吧，行吗？"我说："您数了吗，一共还有多少个呀？"大爷说一共还有13个柿子，我说："大爷我还按两块钱给您钱，我把柿子都买了吧，因为我们家人都爱吃柿子，尤其是像您家这样自己种的磨盘柿子，每年我都会去房山买呢，谢谢您。"我拿了30块钱，说："我也没有零钱了，您不用找了，谢谢您把这么好、这么大的柿子送到家门口，省去了我跑那么老远自己去买柿子的时间。"老人高兴得合不拢嘴，还一个劲儿地把让大家品尝的大半个柿子非要硬塞给我。

回到家，爱人问我，家里已经有很多柿子了，为什么还要买呢？我就告诉了他前因后果，他说："家里已经有这么多柿子了，买回家没人吃不也是浪费吗，想帮助老人，给人家一点钱不就成了吗？"我告诉他："每个人都需要尊重，帮助别人也要考虑到他人的感受，帮助要从尊重和理解开始。"就像我们教育的方法一样，行走时多一些礼让，见面时多一些微笑，让爱充满在生活之中，我们才能享受到生活的温馨。即使是一点小小的爱心行为，也要从尊重他人做起，理解他人的需要，考虑他人的接受度，把爱悄悄地播撒在生活周围，就能让快乐永存！

_64
被信任的力量

有时候真是有些不理解，家长明明选择了一所幼儿园，还是会不信任，总是站在幼儿园的对立面思考问题，审视幼儿园的工作。让所有的家长都理解幼儿园的初衷还真不是件容易的事。家长对大班合班不理解、对幼儿园的一些改革不理解，甚至有的家长会用怀疑的态度观望着幼儿园的一举一动：怀疑幼儿园贴出的食谱与孩子每天吃的饭菜不一样，怀疑教师没有照顾自己的孩子，担心孩子哭了没人哄、裤子尿了没人换、被打了没人管，等等。诸如此类的担心和不信任，有时都会让我莫名其妙，为什么家长会有这样的想法呢？难道他们过去受到过什么伤害吗？这也不禁让我想起了一些事情。

大家都知道，在美国去商场买东西，事后不论任何理由，都可以退货。因此，有些人为了出席重要的宴会，就会买一套名牌衣服，穿着赴宴之后再去商场退货。美国商场还有这样的规定，买贵了可以退差价，于是有些人就趁平时不打折，尺码、颜色齐全的时候把货品买回来，等大减价时再把收据找出来退差价。事后，这些人对自己的行为还洋洋得意，到处宣扬自己的聪明，大讲美国的商业管理漏洞，甚至纳闷为何美国人都那么愚蠢，不知道利用这个漏洞。许多人把占便宜看成"聪明"，把投机取巧看成"能力强"，这简直是价值观的错乱。

记得一次我去挪威的奥斯陆教育学院参加国际幼教会议，在挪威坐公交车时，意外地发现车站有售票机却没有验票机，更没有验票的人。我在心里琢磨着，到底要如何来确认乘客有没有买票呢？如果没有人验票，会有多少人逃票呢？我把自己的想法和疑虑告诉挪威的朋友，问他是怎么回事，他感到我的这个问题很是奇怪，反问我："坐公交车为什么不买票呢？坐公交车怎么可以不买票呢？我们相信每个人都是按规矩做事的。"是啊，坐公交车为什么不买票呢？我为自己问的问题也感到羞愧，因为遇到过一些爱耍小聪明和贪小便宜的人，我也情不自禁地开始用这种方式去思考问题了。

其实，彼此信任度越高，管理就越少，工作起来就越愉快。相反，彼此猜忌、防范、监督，工作就会被动，烦恼就会增多。所以，愿身边的每个人都以开放的心胸、信任的态度对待人和事，因为信任是一种弥足珍贵的东西，需要用真心去呵护，需要用忠诚去浇灌，需要用热情去培植！这也是对他人的一种尊重，更是教育者必有的胸怀。

_65
了解自己的需要

　　一天，一位4岁孩子的妈妈知道我是幼儿园老师后，在我下楼时不停地向我述说她这段时间的纠结、苦恼、埋怨和气愤。她不停地跟我唠叨着："孩子们都在楼下玩游戏，邻家的孩子非要玩我家孩子新买的汽车，邻家孩子哭闹着，就要玩，就要玩，看到邻家孩子那企盼大人帮助的眼神，再看看自己家孩子玩得那个专注的样子，怎么办？我是读过些学前教育书籍的，看看自己儿子丝毫没有被邻家孩子的哭声所感动，好像没有听到哭啼的请求一样，我心里的无名火就不停地往外冒。虽然自己的孩子正玩得尽兴，也舍不得把玩具放下，但出于教育孩子分享的考虑，我还是把儿子拉到身边，忍着火气对他悄悄说：'儿子，没看见姐姐哭成那个样子吗？姐姐想玩你的汽车，还是让姐姐玩一会儿吧。'儿子还是有些执拗，好像没听见我说话一样，我生气地大声说：'怎么一点同情心都没有啊，人家有好玩的玩具还让你玩呢。'儿子大概被我生气的表情吓着了，就松开了拿小汽车的手，让给了姐姐，我不住地表扬着儿子，儿子虽然眼里挂着泪花，但还是破涕为笑了。我与儿子玩着亲子游戏，家长们之间气氛融洽，非常友好。"

　　听到这儿，我对她笑笑，夸赞她培养孩子的意识还是不错的，孩子之间就应该学会分享。但她又着急地说："朱老师，您听我继续说呀，过了几天，邻家小姐姐也买了新玩具，在楼下玩得尽兴，我儿子也要玩，邻家姐姐怎么说都不给玩，把我气得不得了。"我问："你怎么做的？"这位妈妈说："我能怎么做啊，人家家长也都劝说了，孩子就是不给玩，能怎么办啊？但我想，以后我家孩子再买了新玩具也不让她家孩子玩了，也不能总是让咱自己的孩子谦让、受委屈啊，那多吃亏呀！想想前几天为了让邻家的孩子能玩上我家孩子的汽车，还差点打自己家的孩子，真后悔……"听着她的唠叨，感觉她说的也是气话，知道她是想从一个专业的幼教人的嘴里听到解决的方法，我问她："在孩子们玩游戏的过程中，你帮助儿子学会分享、学会爱、学会考虑别人的感受、学会怎么与他人接触的方法，你认为您的孩子感受到帮助别人的快乐了吗？您这样一次次的做法，孩子是不是乐于分享了呢？"她兴奋地说："嗯，其实孩子第一次分享的时候也是有些不乐意的，但因为有我的及时鼓励和激励，能看得出我家孩子心里还真是很高兴呢。""您与周围邻居的关系如何？"她自豪地说："周围邻居都夸奖我的教育呢，关系自然就很好了，他们都乐于让自己家的孩子与我家孩子玩。"我说："其实这就是你的教育成果与收获，我想也是你的幸福。"她皱皱眉头又舒展开来，好像明白了我的用意。我又问："你让儿子把汽车给别的小朋友玩的目的是什么？""当然是为了培养儿子乐于帮助别人、乐于分享喽。"这时候她反问我说："那人家孩子怎么就不这样呢，从来舍不得让我家孩子玩呢？这样的教育不是让我家孩子受到委屈了吗？"我又问："你想把自己家的孩子培养成什么样的人很重

要，这也是你应该思考的，不要受别人的左右，这是你的价值判断，至于别人的孩子，我想她家的大人自然也有培养的方法和价值追求，只不过培养方法不同而已，因为天下的妈妈都是一样的，都希望自己的宝贝健康成长。不要用自己的想法强加于别人，无形中教给孩子用一种交换的方式表达爱，我想那不是真正的爱，爱和分享是不求回报的。爱别人、乐于与别人分享，应该是建立在自己内心愉悦的基础上的，你说呢？"这位妈妈似乎明白了些什么，笑着说："是啊，我怎么能与一个孩子生闷气呢？孩子的一个行为怎么就能够改变我对自己宝宝正确的教育了呢？真没想到自己是这样一个狭隘的人。"

当然，让孩子根据成人认为的正确的做法行事也是期望太高，我们要根据孩子的心理特点，给孩子成长的时间，永远不要期望孩子在很短的时间内，变成一个懂事理、大方、慷慨的孩子；也不要用成人的认知标准来判断儿童的好恶，他们的表现可能有时让你感到欣慰，有时却让你感到不尽理想。在要求孩子把玩具拿出来让别人玩时，一定要使他有足够的时间玩自己的玩具，承认玩具的所有权是在他的控制之下的，孩子慢慢地会感受到他的分享能让对方开心和愉悦。

的确，很多时候，我们都是被别人的态度左右，不知道自己要什么。好好审视一下自己，真正了解自己内心的需求吧！

66_
吸引我眼球的

　　在我们幼儿园经常会看到来自全国各地来学习的教师，每次看到那些穿着五颜六色的教师们以及她们化着淡妆的美丽面庞，真是养眼。她们都很爱美，也很吸引众人的目光，只要你留意，从她们身上的服饰中总会发现当年的流行款式或是流行颜色。幼儿园老师总是能抓住最前沿、最时尚的元素，这源于她们特有的洞察能力和对周围世界的敏感。幼儿园是女人多的地方，三个女人一台戏，的确，爱美之心人皆有之，女人在一起，自然就会谈到关于美丽的话题，谁谁的衣服、谁谁的肤色、什么化妆品、什么包包、什么鞋子……永远说不完的美丽话题，大概是女人情不自禁都会关注的吧。

　　看漂亮时尚的女人，是我的一大喜好，走在大街上就爱看美女，我要是男人的话，估计会被当成色狼暴打一顿。今天幼儿园又来了一批来自全国各地参观的学习者，一个个打扮得漂漂亮亮的，吸引了我的眼球。

　　参观的教师走到楼道时恰巧卫生老师刚刚拖过地面，第一个姑娘走过，第二个姑娘也走过，大家好像都没有发现卫生老师正紧靠墙边，等待参观的美女教师走过，也没有发现地面还没有干，走过的教师已经在地上形成了一个个清晰的脚印，这时不知谁先发现了卫生老师刚刚拖的地还没有干，也不知是哪位参观的老师在后面大声喊着："老师刚刚擦过的地面，我们绕道走一下。"再看看卫生老师，本来是一直站在那里没有表情的，现在也笑着说："没事的，大家走吧，走过了我再重新擦。""我应该早点擦地就好了，添麻烦了。"这时刚才走过的教师也不好意思地连声道歉："老师，实在是对不起，刚才没有发现，给您添麻烦了。"这相互的致歉声、相互理解的笑容、相互为对方考虑的真诚，形成了最美和声。这一幕，着实让我感动，每个人的面庞也愈加动人起来。

再看看我们的搞卫生老师，尽管她们没有穿着时尚的服装，也没有靓丽的面容，但她们是我心目中最美的人；虽然她们没有豪言壮语，只是认真地清扫着幼儿园每个角落，但她们用墩布和扫把书写着美，用辛勤的汗水传递着文明。

她们是我们该尊敬的人，也同样吸引着我的眼球，而且更加耀眼。谁是大地的精华？想来她们才是大地的精华。每天看着她们、望着她们、欣赏着她们，也成了我生活的一部分。往往生活中的细节，最能够自然而然地折射出人性深处的闪耀与黯淡。

67_

最珍贵的人生财富
——情感

　　我听人讲过这样一个故事，英国皇家学院曾经有过一个辩论题：假如你走到大街上，看到一处房子失火，当你奋不顾身冲进火海，眼前出现了一只猫和一幅价值连城的凡·高的画作，当时的情景不允许你犹豫，需要你马上做出选择，你怎么选择呢？为什么？

　　当时许多学生的选择都是很纠结的，有的就是自相矛盾的。因为每个人都有自己的道理：赞成救出名画的，理由是凡·高的作品珍贵；赞成救一只猫的，认为它虽然很渺小，但也是一个小生命，应该得到保护，体现出对生命的尊重、对弱小的保护。还有的同学认为，这样的辩论没有任何意义，认为这与自身的认知态度和价值观有关，如果是画家，自然对绘画作品情有独钟；如果是动物学家，自然就会营救小猫了。其实听了这个故事，我们眼前经常会浮现这样的画面，在火海中有一只哀叫着的可爱小猫和一幅凡·高的名画，我该怎么做呢？

　　后来我把这个故事讲给了孩子们听，想听听孩子们的答案，孩子们虽然是七嘴八舌，但都是一个答案，那就是一定要救花花，孩子们所说的花花就是班上他们饲养的小猫的名字。原来孩子们把我讲的事与自己的生活联系在了一起，他们都说至于那幅画，再画一幅就好了，没有必要舍去生命去救它。我还想引着孩子们说出不同的答案，我说："如果那幅画是朱老师精心绘画的作品呢，你们怎么办？"孩子们几乎还是异口同声地说："那就请朱老师再画一幅吧。"我简直哑口无言。我被孩子们的天真无邪和至真至善的情感所打动，豁然开朗。以至于许多时候，我都会主动去倾听孩子们的声音，有时他们更是值得我们学习的教育者。我心里发出的真实的声音告诉我：一定要向孩子们学习。

一开始听到这道题我在纠结什么？为什么不能够马上做出判断呢？因为我的内心是矛盾的，被价值连城迷惑了自己的心。因为我们面对选择只是简单地用经济价值来判断，而孩子们赋予了它情感的力量。教育的价值不就是教育人至真至善吗？不就是教育人至情至爱吗？不就是教育人有真情感吗？我们现在都被什么污浊了双眼呢？

我想告诉大家的是：冷静思考就能想出好办法来，遇事不慌张便能发挥人的聪明和才智。原来，人生最珍贵的财富就是情感。

68. 着火·描红画

68_

互相提醒是一种责任

　　"我的记性实在是不好，明天一定别忘了提醒我带U盘。""明天一定别忘了提醒我……"这句话成了班子之间、教师之间一个常用语。

　　今天是周末，我陪着妈妈到楼下的公园散步。散步的路上，我和妈妈同时看到一个女人从卫生间出来，裙子没有整理好，裙边的一部分还掖在短裤里，红色内裤露在外面，当我还在责备她的马马虎虎时，妈妈已经加快脚步用最快的速度追赶上她，遮挡着她露着的地方并悄悄提醒她说："请您把裙子拽一拽吧。"她下意识地赶快整理好裙子，不住地向妈妈表示谢意，然后不好意思地消失在人群中。这件事给了我深深的启示，本来自己想责备女人的邋遢呢，但是妈妈用行动告诉了我答案，使我理解了生活中提醒的重要。

　　其实生活中的提醒很自然，很日常，也很重要。有时提醒是对对方的一种关怀："下雨，路滑，您慢点。""今天您别忘了去检查身体。"有时提醒是对对方的一种帮助："我们针对淘气的孩子可不可以换一种好的教育办法呢？""别忘了今天下班前交备课本啊，如果备课有困难，出现不会的问题，欢迎随时提问。"有时提醒是对对方的一种告诫，需要引起对方的思考："你们班的游戏材料是不是应该注意层次性的把握呢？""你们班的互动专栏怎么让家长更乐于关注和参与呢？"

现在也确实出现了一种现象，旁观者不好意思提醒或者担心有人误解了自己的提醒，形成了多一事不如少一事、自己干好就行了、别人的事情与自己无关的想法，也出现了许多人不理解别人的提醒，把别人好心好意的提醒当作窥探秘密、想了解隐私、成心找茬、没事找事、吃饱了闲的、怎么总是与我过不去等，以至于善意的提醒越来越少见。

提醒是预防、是挽救、是关爱。提醒，重要的不是形式而是效果，无论哪种提醒，它所体现的都是一种人文的关怀，是和谐的象征。让我们怀着感恩的心，时刻感激经常提醒我们的人，因为他心中装着对你的关怀、帮助与真正的爱护。教育需要互相提醒，提醒是一种责任，提醒更是一种美德。

_69
条件不是问题

前几天，我陪内蒙古自治区巴彦淖尔市甘其毛都学校的校长去乌兰巴托考察。去之前，我从媒体上已经了解到蒙古国的经济状况，认为这里的人们生活条件不够好，相对来讲人们的生活也不会舒服到哪里去，也曾多次想象乌兰巴托到底是一个什么样的城市。

飞机落地后，我发现乌兰巴托虽然是蒙古国的首都，但机场很小，一点也感受不到首都的气派与豪华，这与我想象的还真是有些反差，我想：即使再贫穷的国家，机场是客人必经的地方，也应该重视一下它的外在条件啊，简直还不如中国一个普通小城市的机场。我心想着，也为中国的强大而自豪。正一边走着一边想着，出关口到了，我们凭着自己学的那点英语填好了出关卡，还是漏写了一项宾馆的地址和电话，工作人员用蒙古语跟我们沟通，但我们没有一个能听得懂蒙古语的，我着急地连说英语带比画，因为我们根本不知道要住的宾馆的地址。工作人员不紧不慢地认真看着我，没有丝毫的不耐烦。后来我拿出手机，让她看这里校长打来的电话号码，她看了后笑了，并在出关卡上帮助我填上手机显示的蒙古国的电话号码，这样终于办好了出关手续。这里的地面温度是27℃，相比北京的38℃的高温来讲倒是舒服了很多，一路上，可以说没有看到什么高楼大厦，基本都是低矮的平房和蒙古包。说实在的，从心里就没有出国的感觉，与我们中国的内蒙古也没有多大的区别，从外观看还不如我们的内蒙古呢，但这里还是干净整洁，装饰的痕迹很少，几乎没有任何的修饰，基本的白色或灰色，与蓝天、白云和草原的绿色融为一体，感觉这个城市充满了安逸与舒适。大概是来自北京这样大城市的原因吧，我对水泥和大理石已经厌倦，反而被这里没有造作、没有破坏，甚至还能闻到牛粪味道的自然环境所吸引，我被大自然深深地打动着，这种感觉真的很美。

这几天正赶上蒙古国的国庆活动，除了看到了赛马、摔跤等运动外，我们也像蒙古国人民一样郊游。我观察到人们都是以家庭为单位，爸爸妈妈带着孩子在草地上玩耍、嬉戏，稍大些的孩子都与伙伴们三五成群地玩着排球或篮球，他们都在奔跑着，好像这个国家的人生字典中就没有"累"这个字，再看看篮球架是用两根木头埋在地下，一块木板上钉了一个铁圈就成了人们抢球投向的球筐，简直是太简单了，几乎长这么大，就没有见过这么寒酸的球架，但看看孩子们却玩儿得乐此不疲，球架的好坏丝毫没有影响他们玩的心情。球你传给我，我传给你，孩子的笑声划破草原，我也被孩子的笑声感染着，心里在想：我们国家这么大的孩子都在做什么呢？如果面对这么简陋的运动条件，在中国、在我的幼儿园，大家还乐于运动吗？大人们会是什么样的想法？老师们又会是什么样的态度呢？我们创造了那么好的运动条件，甚至以牺牲大自然为代价，又有多少人能够感受得到，真正乐于运动了呢？

我突然改变了当初的想法，认为乌兰巴托是一个很富有的城市，它的富有体现在人们的意识和对精神的追求上。看来，条件设施不是问题，只要你有实力。最主要的问题是人们的观念以及对事物的看法与认知，我甚至对我刚开始认为乌兰巴托很落后的想法而感到自己的可笑与无知。在我看来，他们与我们相比，比我们更热爱生命、热爱生活、热爱运动啊，这不是我们一直想要追求的幸福吗？看来，外在的物质条件不是问题。

_70

温暖

　　受好朋友花日的邀约，我怀揣着激动的心情来到内蒙古自治区巴彦淖尔市度暑假。花日带我们来到了草原，想让我们体验大草原的风情，一路上边欣赏羊群边拍照，欢声笑语充满了整个车子，说实在的，很兴奋今天能在草原里安营扎寨，知道要睡蒙古包，好期待，快50岁的人了，头一次住蒙古包，像孩子一样还真是有些兴奋。早就听蒙古族的老师们讲过蒙古包是冬暖夏凉的设计，还真没有机会亲身体验呢。晚上6点多我们到了蒙古包大营，刚才天空是阳光明媚的时候身上还是暖暖的，女孩子们都用太阳帽、大墨镜来遮蔽阳光的照射，没想到太阳刚一落山，一阵阵风吹来，浑身却打起冷战。跑到蒙古包里，火已经升起来，锅里做着石头烤羊肉，柴火噼噼啪啪地响着，闻着烤肉的香味，真是少有的惬意。本来在外还冷得流着鼻涕，到了蒙古包里还真是温和，我相信了蒙古包是冬暖夏凉的设计的传闻。我们喝着花日亲自煮的奶茶和自己动手烤的烤肉，花日为每个人敬酒献歌，歌声穿透夜空。蒙古包里载歌载舞、歌声嘹亮、欢声笑语连成一片，好客的花日用一种特有的方式表达着对朋友们的祝福。

我们一会儿在蒙古包里听歌，一会儿又到草原数星星，星星离我们很近，好像可以触手可及，人们三五成群地在草地上聊天、打牌、吃东西，寒冷丝毫没有赶走人们对大自然的热爱与迷恋，我也陶醉在这迷人的夜色中。

我们几个好朋友大概是被北京的天气热怕了吧，带的衣服基本都是半袖，本以为北京那么热，到草原可以凉爽了，没想到凉爽过了头，草原的夜晚也太冷了吧，真后悔没有听花日的嘱咐啊，以至于我把所有带的衣服都穿在身上，半袖套半袖、薄纱套薄纱，把被子、毯子也披在身上，跺着脚依然感觉不到身上的暖意。欣赏草原的夜色还要连跑带颠的，去外面待不了一会儿，我们就赶快跑回蒙古包取暖，从心里还真是佩服在外戏耍的人们，大概他们都是吃牛羊肉长大的吧。我们互相调侃着：我冻得连卫生间都懒得去。

不知不觉已经是后半夜的1点钟了，虽然大家还是没有睡意，但想到第二天还要早起爬山，也就安排休息了。我们分别到各自的蒙古包入睡，4个人一个蒙古包，因为已经很晚了，也懒得生火，蒙古包里冷得不行，没有热水洗脸洗脚，也只能凑合着，没有脱衣服就躺下了，还用被子、毯子把自己包裹得紧紧的，身体蜷缩成一团，还是感受不到一丝丝的温暖。我紧闭着双眼，可以清晰地听到外面的风声、小猫的叫声、别的包房的说笑声，简直就像在户外睡觉似的，能睡着的，也是这个人的睡功了得吧。我是越冷越睡不着，越睡不着越感到浑身发冷，在心里嘀咕着：这算是什么冬暖夏凉的设计呀？就这样想着，终于盼到天亮，好像一夜都没有睡，看看手表还不到5点，晃晃悠悠，迷迷糊糊，披着毯子直奔卫生间，但眼前的一幕着实让自己清醒了许多，因为我睡眼蒙眬地发现，花日正在捡拾前一天人们在草地上扔的垃圾。风吹着垃圾在草地上飞舞，她也像捡宝贝一样随着垃圾飞舞，顿时自己的困意全无，缩肩取暖的身体也都被眼前的一幕击打得伸展开来，毯子披在身上还真是感到有些多余，我不知道怎么形容当时的情景。

　　总之，我被深深地感动了。我在蜷缩着身体抱怨时，花日在做什么呢？她穿的衣服也不多呀，难道她的身体不冷吗？我想她的心是火热的。衣服只能御身体之寒，却不能温暖心灵，只有育心才能够温暖心灵。教育者就是要让身边的人从身体到心灵都感到温暖如春。

71_

从一个司机师傅身上看到的

北京火辣辣的七月，正赶上暑假，几个好朋友邀约到了乌兰巴托，朋友介绍的司机，一个壮实的蒙古族汉子，说实在的到现在我都不知道他的名字，也几乎没有听到他讲一句话（也因为语言不通），但他与我们相处的短短5天里，许多发生在他身上的事情却让我记忆犹新。

车子只要一停下来，就永远是擦车

我是一个特别乐于观察细节的人，司机师傅有一个现象，只要车子一停下来，我们不论是照相还是购物什么的，也不论车子停到阴凉处还是暴晒的太阳光下，他就是一个永远的动作：拿出抹布来擦车。刚开始的时候我还真是有些不可思议，一辆大破车有什么可擦的呀？天天在草原的土地上跑，擦了不也是白擦吗？这蒙古人真是有劲没地方使啊。不是我夸张，他每次就连轮胎骨架都擦得能照见人，这有什么意义吗？我在心里唠叨着。大家千万不要认为这是他的私家车或者是辆好车，这只是一辆能够承载九人的小面包车，车子有些破损，以至于他第一次接我们时让我感到大失所望，要不是朋友介绍的，又碍于面子，早就让人回去换车了，主要是破损的车，让我不禁担心旅途中大家的安全。但是他爱车的情形，他对司机这份工作的热爱与执着，确实让我对他开始刮目相看，本来想换车换人的心情也都跑得无影无踪了。

车技

一件小事让我开始佩服司机师傅的车技，也更加坚定朋友帮助我选择的司机是最棒的。今天的出行，草原上下起了大雨，夹杂着冰雹，这简直是很少有的现象，我们也都兴奋起来，打开窗户，淘气地用手接起了冰雹。我发现司机几乎是慢下车速在爬行，但由于草原地势是一个斜坡，雨天路滑，车子向左方倾斜着不情愿地玩着漂移，师傅都险些控制不了，好像刹车都失去了灵敏性，太可怕了，车子好像要侧翻一样，刚才大家还是兴奋的笑声，顿时车里鸦雀无声。我们都屏住呼吸，生怕呼吸声影响了师傅的方向盘一样，每个人都在为司机师傅捏着一把汗。我们让朋友用蒙古语告诉他："我们先把车停下来，不着急，等雨停了再走。"他好像是没有听到朋友的话一样，车子依然没有熄火。我们也不敢再提什么要求，只是默默地关注着大雨和冰雹，关注着他的一举一动，看着他凝重的眼神，我们看到有恐惧、有担当、有判断、有沉着、有冷静、更有责任。车轱辘泥泞不堪，刹车都不听使唤，但车子还是执拗地慢慢蹭着，在我们大家默默的祝福中，终于他把车子蹭到了草地安全的地方停了下来，把主路给让出来了。

过了一会儿，雨停了下来，他下了车，注视着其他车子一一穿过草原上最难走的下坡和紧接着的上坡，我在车上透过玻璃窗也望着，那个坡真的很陡，许多四轮驱动的草原吉普车开不好都有"托底"的，我们这个大破车可怎么过呀，我又为他紧张起来。这时，我们车上的人都提议全都下车，步行穿过这个陡峭的坡，让车子轻装前进，懂蒙古语的老师说出我们的想法后，他并没有出声，没说同意也没说反对。这时车里的九个人已经下了五个，估计大家还是对他的车技有些担心吧，这个我是完全理解的，但我坐在车上没有动，倒不是心里不害怕，当时我想：这也是对司机师傅的一种鼓励、信任和尊重吧。我心里为他捏了一把汗，师傅胸有成竹地踩上了油门，我屏住呼吸，车子可以说是轻松通过的。在上好坡后，车子停下来的一刹那，我们三个都向师傅竖起了大拇指，发自肺腑地、几乎异口同声地说："师傅真是太棒了。"我这个性情中人要不是司机师傅开着车都要拥抱他了，喜悦的眼泪还是惊吓的眼泪呢，我也说不清楚了，反正是眼泪挂在脸上，嘴角向上翘着，分明又是笑着，总算有惊无险。

虽然这个插曲外在体现出来的是司机师傅的车技，但在这里我观察到师傅有危险关头为他人让路的崇高品质，有困难面前的沉着与冷静，有下车后学习他人经验的判断与分析，有不给客人添麻烦的勇气、自信与担当啊。

你们吃饭，我来看车

快乐的旅程开始，从草原回到乌兰巴托市中心已经是下午4点，女人的购物欲望那还了得，我们没有回宾馆，而是直接请司机师傅把我们送到了商场。女人购起物来是不用吃饭的，真是不假，不知不觉已经是晚上9点了，朋友提醒，估计司机师傅饿得已经是前胸贴后背了，这才让我们想起还没有吃晚饭。女人嘛，晚上饿一顿就当减肥了，购物的精神食粮已经超越了物质食粮，但男人还真是不行啊。出于对司机师傅的歉意，我们准备请师傅吃韩国料理，司机师傅把我们拉到餐厅自己愣是不下车，我开始以为，他趁我们购物时自己早就吃了东西呢，后来懂蒙古语的朋友告诉我，司机师傅说让大家去吃饭，他来看车。我想：难道他自己吃了饭了？男人到时间就必须要吃饭，这个我是有经验的，他不可能不饿的呀？另外，一辆破车还害怕别人偷吗？我觉得这个师傅还真是可笑。后来懂蒙古语老师的解释才让我知道了缘由：原来他看我们大包小包的购这么多的东西，担心东西被人偷走，执意要留下来看东西。知道原因后，我简直对他刮目相看，也为自己狭隘的思想无地自容。我更加对一个看着五大三粗、黑不溜秋、并不起眼的司机肃然起敬。后来，我们决定拿着所有购买的东西去吃饭，这样师傅才同意与我们共进晚餐。

永远把服务于人的事情放在第一位，不考虑自己的冷暖和饥饿，还没有任何怨言的主动承担，这就是教育者胸怀的体现。

请您来帮我夹菜

后来，我更加乐于观察师傅的行为了。大概是语言不通的原因吧，只能通过动作来了解一个人，我想：这是我的长项。

司机师傅这是第一次在我们极力邀请之下与我们共进晚餐，餐桌上没有酒，我们都以茶代酒来敬师傅，虽然语言不通，但师傅也能够感受到我们的真诚感谢与热情。刘老师客气地抢着为师傅夹菜，我们把认为好吃的牛羊肉都给师傅夹满了，师傅却指着牛肉里的土豆说着什么，刘老师以为他让自己不用照顾他，自己夹菜吃呢，于是点点头，把一块土豆夹在自己的盘子里。师傅又指指土豆再指指他自己的盘子，这时刘老师才恍然大悟，原来师傅所有的菜都是大家帮助夹好的，他自己想吃的菜却还没吃到，还要请身边的人帮助。要是不了解他，我保证又会责备他耍大牌，夹个菜还需要别人的照顾，别人不夹菜就不吃了怎么着。但这次，我一直在默默地观察着他的行为，原来，他很注意别人的感受，不用自己吃过饭的筷子去夹公共的菜，以免我们觉得不卫生。我不知道怎么来表示对他的敬仰，但真的他行为的许多细节都让我感到很舒服、很惬意、很美好。

原来一个人不论是做什么工作的，他身上所散发出的魅力完全不是以职务的高低、工作岗位的差异来判断的，他不经意的行为会给人莫大的力量，会给我们那么多的甜美的回忆和幸福的感动。我想：外在看来这可能只是行为的表达，但更深层次应该是内涵品质的自然流露，不需要去做作，不需要去修饰，更不需要去伪装，在任何人面前都要做好我们自己。这不就是优秀的教育者的作为吗？

互动时刻

1 人的精神和肉体有着内在的联系，但是人们往往只注重身体的外在表现，例如，健康、行为等，以至于出现问题后盲目地头痛医头、脚痛医脚。您现在是如何运用内在的精神指引自己的外在行为的？

人内在精神的和谐是建立在心理健康基础之上的，能正确自我评价、充分发挥自己的潜能、妥善处理各种关系，具有奋发向上、平衡通达的精神状态，是追求美好、幸福生活的精神体现。

一个精神和谐的人，在处理人际关系上，能深刻领会"和而不同"的道理，做到严于律己、宽以待人。时时尊重他人、体味他人、宽容他人、谅解他人。尊重是与人交往的前提，只有相互尊重，看到别人的长处和难处，才能体验到对方的心情，做到相互理解。然而，生活中以自我为中心的人多、能够换位思考的人少。利益、自尊、欲望这些东西常常牵绊着人的想法、说法和做法，使人与人的交流流于形式、疲于应付，更在无形中伤害了对方，使交流偏离了本意。要尊重别人，求同存异，"和而不同"的关键是要尊重差异，尊重不同个体不同的背景、心理、智能、环境、看法。尊重别人就等于尊重自己，善待别人更是善待自己。

一个精神和谐的人能够正确地审视自己，给自己定位。不与他人争、不和别人比。相信自己，突破自己，做最好的自己。其实，挑战自己最难，克服自身的懒惰最不易，当心中怀揣梦想，带上不变的信念，丢掉繁杂的干扰，甩掉身上的惰性，朝着崭新的自己前进，这样就有了精神指导下的行为改变。

内外合一、知行合一，需要不断地向自己提出问题。幼儿教师的价值在哪里？办幼儿园的目的是什么？我为什么做教育？这些疑惑推动自己不断地学习、分析、判断、反思、冥想。在认知冲突中、在矛盾困惑中、在思维对抗中，这些问题渐渐明朗。思想有了方向，行为便有了准则。自己虽是沧海一粟，但仍要保有一颗"平凡之中有伟大追求，平静之中有满腔热情，平常之中有责任担当"的心。做人如此，做一名教育者更应如此。我们经常会说敬业、乐业，其实就是保持一颗平常心，从眼前着手、从细节做起，在平常中品味育人之乐、探寻育人之道。将理想信念和对价值的追求内化成为生活态度与工作责任。用教育者独有的品质修养、道德风范、思想情操指引自己的行为。

人的内在精神是一种思考后的感悟，是一种个性思想，是一种特有态度，是一种潜在意识，这种感悟、思想、态度、意识皆来源于思考，对现实问题的观察、审视与思考。因此，能够有一双发现问题的眼睛，不断地向自己提出问题，是一个人精神丰富的源泉，也是我在工作生活中的一个习惯。

在幼儿教育中还存在着违背幼儿身心发展规律的现象，有多少教育是孩子真正需要的、能让孩子一生受益呢？鲁迅先生曾说："童年的情形，便是将来的命运。"在课程模式、教还是不教的争论中，我们是不是忘记了教育原本的价值呢？做本真教育，首先要思考：孩子需要什么样的童年？孩子需要怎样的教育？社会需要什么样的孩子？本真教育就是尊重客观规律、尊重儿童发展规律。作为教育人我们不仅要向前看，还要不断地回头回顾儿童的发展，不断地审视自问：孩子快乐吗？孩子有收获吗？教材适当吗？具备了什么，缺失了什么？教育形式适宜吗？社会对儿童的期许变了吗？幼儿教育是为孩子的一生做准备，而现在我们教育者文凭有了，责任丢了；学历高了，素养低了。教育和社会的发展同国家的需要密不可分。但是，当社会的价值取向歪曲，我们就应当重新思考我们的教育为了什么？作为幼教人我们要坚守，教育要以"儿童的心为心"，顺应儿童的发展和需要。育人先养德，做教育，有了这样的精神指引，行为也就自然有了方向。

让孩子在玩中学、玩中乐、玩中长是精神追求，也是教育者行为的目标。美国的教育家杜威认为：教育的根本不是新与旧的对立，也不是进步与传统的抗衡，而是探讨究竟什么才有价值。我想：教育一定没有固定的模式，要顺应天性、尊重个性、激发灵性。构建孩子好玩的家园、乐园、创想园，让孩子玩出健康、玩出个性、玩出智慧。为每一颗种子都找到一片适宜的土壤，不断地自问：我们为孩子的幸福人生做了什么准备呢？经常这样的自问，我想我们就不会头痛医头、脚痛医脚，盲目地追求眼前外在目标，使我们错误地为孩子们灌输知识后还沾沾自喜了。帕尔默说过这样一段话：有意识的教学是知识，无意识的教学是自己。我认为孩子在幼儿园是成就自己的过程。管理的最高境界是无痕管理，教育的最高境界是无痕教育。

2 众所周知，您对于工作的执着和坚韧，工作量之大、工作之重都是有目共睹的。家人和朋友都认为您很辛苦，劝您要为自己减负，而您却乐此不疲。那么，您工作的动力是什么？您对于幸福的理解又是什么呢？

乐此不疲的原因是需要和热爱。热爱是做好工作的动力。马斯洛的需要层次理论中自我实现的需要层次最高，动力也最强。当一个人做他适宜且喜欢的工作，在工作中发挥他最大的才华、能力和内在潜力时，便能够满足他的人生最高层次的需要。这种自我实现的需要不断地激励着我自我管理、自我突破、自我创造和主动发展。

自我实现的需要发出持久而强大的力量，让自己全身心地投入自己热爱的工作中。我把工作当作一种创造性的劳动，而不是谋生的工具。我竭尽全力去做好它，使个人价值得到验证和实现。专注于工作、用心于教育，既满足了自己学习、钻研和探究需要，又能最大限度地发挥自己的潜能。我一直认为，工作不分类别、职业没有好坏，只要能够服务于社会，它就值得我为之努力。

工作热情不是外在表现，它需要发自内心。褪去地位、名利的光环，你还喜欢自己的工作，那么这就是最纯粹的热爱。幼教就是我生命的一部分，是我从心底升腾起的真爱，自然也就会想着它、念着它、感悟它、享受它。如果人能够找到一辈子都热爱的工作，那将是一生的幸福。

至于幸福，我认为它是一种意识、一种追求、一种渴望、一种存在、一种信念。幸福被现代的人们常挂在嘴边，然而，人们却距离真正的幸福越来越远。人们对幸福的理解越来越功利，认为幸福就等于成功，成功的标准又是什么呢？是银行里的存款、职位的晋升、考入名校，还是一件件名牌服装、尝尽人间的美食……花花世界中可以追逐的东西太多，人们的判断标准和价值观也变得畸形。事实上，每个人尽己所能，把自己的能量发挥出来就是成功。做自己喜欢的事情，不被外界的评价所困扰，就拥有了幸福。幸福不是由数字决定的，不是由那些身外之物决定的，最真实的幸福就隐藏在我们的心底。当我们的心被外界一层又一层的糖衣所包裹，我们便尝不出真正的甜，那些遥不可及的幸福让我们追逐得身心疲惫。抛开一切虚伪与虚荣，细细思考，幸福就在平淡的生活里，幸福就在每个人的身边。这要看你是不是拥有一双去发现幸福的眼睛、一对听到幸福声音的耳朵、一双抓住幸福的双手、一张传递幸福的嘴巴和一颗感悟幸福的心灵。幸福藏在人与人的相互欣赏、相互关心、相互尊重、相互支持之间；幸福出现在自己每一次努力后的收获、每一次奋斗后的成长、每一次给予后的舒畅、每一次付出后的喜悦之中。我一直用拥有奋斗的人生、智慧的人生、收获的人生、幸福的人生这样的目标去鞭策自己，把全部的时间精力与智慧都运用到工作和事业中。真正的幸福是做自己喜欢而有意义的事情，并能够长久地坚持。

教育永远在路上，努力做最适宜的教育，怀着这样的心情和渴望，我不懈地追寻并品味着幼教带给我的快乐和幸福。

3 法国雕塑家罗丹曾说："世界上不是缺少美，而是缺少发现美的眼睛。"说起来容易做起来难，您总是能在平凡的人、平凡的事中发现真善美，这里面又有什么玄机呢？

在我园的园所文化中有这样的说法："一枝独秀不是春，百花齐放春满园。"在人类的百花园中，大至每个国家、每个民族，小到每个园所、每一个人，都有着与众不同的特质。因此，当我们用平等的、不带有偏见的眼光去看待世界，用欣赏的眼光、赞美的语言去对待每一个人，我们就能够发现"世界上没有两片完全一样的树叶，世界也因此而绚丽多姿"的奥秘，我们也更能够欣赏到每一片叶的亮丽、闻到每一朵花的芬芳。

要说这其中的玄机，可以用"没有"两个字来回答。因为在我的认识里美丽无须包装，花朵总会绽放。

每个孩子都是一部奥妙无穷、美轮美奂的大书，每个好教师无一不是研究这部大书的高手。他们兴致盎然地读，乐此不疲地读，精嚼细品地读，这样的深情研读细腻到可以透视孩子的小心思、小秘密、小烦恼，可以以一颗孩子的心去理解孩子。

当然，我还有太多的"不懂"，太多的一厢情愿、自作多情，太多的轻重错位、主次颠倒，自然也会演化出太多的主观臆断，结果本末倒置。在教育中，大家早已习惯用成人的眼睛去关注世界，习惯让孩子顺应我们、顺从我们；让孩子按照我们的设想去行动，按照我们规划出的"成长路线"去被动成长；让孩子成为成人手掌中操控的木偶。

"我们以孩子的心理了解孩子，不轻视孩子的情感。"每每读到陶行知先生的这段话我都会万分感慨。是啊！教育是一门指向人内心的学问，是一段段闪烁着人性光辉的成长历程，是一个至善的教育者之"同理心"与"共情感"的最美丽的表达。悉心体会，会真切领悟到陶行知先生箴言的深刻意蕴——我们必须会变成小孩子，才配做孩子的先生。也就是说，园长必须会变成教师，才配做教师的管理者。教师是园长的一面镜子，园长要从教师的视角看问题，这样在谋划幼儿园发展的过程中，就会找到最重要的逻辑原点与价值支点。管理者会放下身段，专注于教师的发展，教师、孩子在幼儿园才能真正享有主人翁的"存在感"

与"尊严感"。这样的管理不是一味地顺从与迁就，而是努力寻求教育目的的深度契合。有了积极的态度，我们就会诚心诚意、千方百计，甚至自讨苦吃地寻求去读懂教师、读懂孩子的种种方法。

管理者的本质一定是一个教师的研究者、教育的研究者，教育者的本质一定是一个孩子的研究者、课程的研究者。好的研究者一定会站在对方的角度去思考、去发现、去探究，用对方的眼睛望出去，借助这样的眼睛研究者一定会发现世界中斑斓的色彩、奇妙的梦想、不一样的天地。愿每一个教育者都拥有一双会发现美的眼睛。

4 您在道德层面、教育层面和管理层面都有自己独到的见解，您又是如何将自己的思想传递给不同的员工的呢？在这个过程中又遇到过哪些困难？是怎样解决的呢？

我认为：管理者首先是教育者，然后是领导者，最后才是管理者。为什么这么讲呢？园长一定是教师的首席，这是我做管理这么多年一直不丢不弃的原则。领导者要有领导课程研发的能力，这就需要自己能不断地研究幼儿，根据幼儿的需求实施教育。管理者要有统筹、规划幼儿园发展的能力。其中营造育人文化是灵魂，引领教师成长是核心，优化内部管理、调适外部环境是保障，实现幼儿发展是根本。

如何才能够做到这些呢？就需要以德为先、幼儿为本、能力为重、终身学习的理念支撑。

我非常认同这句话："天下做成小事靠智，做成大事靠德。"道德的力量无穷，有了德做支撑，方向就不会有偏差，路就不会出错。我也常用习近平主席的话鞭策自己、审视自己："我们的人民热爱生活，期盼有更好的教育、更稳定的工作、更满意的收入、更可靠的社会保障、更高水平的医疗卫生服务、更舒适的居住条件、更优美的环境，期盼孩子们能成长得更好、工作得更好、生活得更好。人民对美好生活的向往，就是我们的奋斗目标。"要实现"更好的教育"，就需要和我一样的教育人不惜时间、精力去投入教育，去关注它、研究它、实践它、发展它。我时刻都在提醒自己使自己做得更好、使身边的人发展得更好、使孩子们成长得更好。

作为一名普通的管理者，听了习主席一番话后我常会思考：作为管理者应该培养教师具备什么能力，才能使孩子享有更好的教育呢？这是每个教育者应该反思的问题。这种思考是责任，落实思考是担当。

我自己在实践中积累了一些经验和想法，为了共同的教育目标我很愿意将自己对教育的认识和看法与老师们分享，用行动传递思考、传递认识、传递观点。

以下就是我经常告诫自己要做好的七件事情。

（1）不断向自己提问。自己内心真的喜欢教育工作吗？自己乐于付出时间去陪伴孩子、研究孩子、真诚地爱每一个孩子吗？该如何做呢？

（2）分析自己每天的时间都是怎么分配的。

（3）激活死时间与整合碎片时间。

（4）紧要的事为先，分清轻重缓急。

（5）有自己的规划，不找借口。

（6）高效时间用来做需要专注其中的事情。

（7）平衡家庭的需求，忙中偷闲。

教育者的天职就是影响身边

的每个人。教育就是学会人际交往的过程，相信没有一个人乐于向自己不喜欢的人学习。管理者最重要的是获得被管理者的喜爱、尊重与钦佩，让自己成为对被管理者有爱的人、有信任的人、有帮助的人；用自己的品格、智慧、专业、包容成就自己的魅力，成为被管理者的良师益友，成为大家的表率；用实际行动去验证自己的观点、想法，和老师们一起在做中学、在思中悟，老师们自然就能够领会自己的观点和思想；相信每个教师都能做得最好，为他们提供学习的平台，给他们搭建发展的阶梯，激发每位教师对教育的积极性、主动性和创造性，让自己和老师们一起学习、一同成长。教育的智慧是自我发现、自我实现，而不是按照统一的标准、统一的规格做成一样的标准件。教育孩子、培养教师皆同理。

管理者要用相信和支持的力量，激发每位教师的工作热情和激情，幼儿园不是一个人在管理，而是每个人在管理。"我愿意"这种管理方式是管理者与教师之间的互相鼓励、互相鞭策的一种方式。"我愿意为你"——管理者愿意为教师成长而付出努力，教师愿意为孩子的发展、为身边人的成长付出努力。"动起来"——每个人都动起来，不单单是管理者动起来，大家都要为孩子的成长负责任地动起来。思想动起来、行动上动起来。幼儿园的发展需要每位教师的共同努力，每位教师都是不可或缺的宝贝，每位教师都是不可多得的财富。

人们常说管理者和被管理者永远是一对矛盾，这其中也不无道理。当被管理者还没有形成自我管理的觉悟，还没有将自己的责任与幼儿园、幼儿联系起来的时候，当然会有被管理的想法。教师的不理解非常正常，这需要一个成长和成熟的过程。消极的教师在每个幼儿园都会存在，作为管理者培养积极、阳光的人是我们的任务。因为积极的人培育出积极思维的孩子，消极的人造就消极思维的孩子。乐观积极的人在困难中找机会，悲观消极的人在困难中找借口。

消极的教师往往当面不说、背后乱说；消极话常讲，积极话不讲；诋毁积极，煽动消极；泄私愤、耍态度等。这样的人很具有煽动性，往往会影响周围人，管理不好会影响幼儿园的风气。处理这样的问题正是锻炼我们管理能力的机会。大声地吼叫、严厉地批评、经济的惩罚无助于教师成长，只会引发更大的消极和创伤，同时还会乱了我们的工作阵脚、削弱我们的工作能力、伤害我们的身体健康。只有抱着包容的胸怀、帮助的态度，用智慧的方法走进教师的心灵，才能以情感人、以理服人。讲故事是我常用的管理方式和教育方式，通过一个个恰如其分、通俗易懂、饱含着哲理与智慧的故事，让老师们明白其中的道理，让老师们在故事与现实生活中自我反思、自我调整。同样，沟通也是解决问题的最好方式，沏上一杯茶，和老师们谈谈家庭中的烦恼，说说工作中的困难，说几句暖心的话，讲讲自己的经验，给出几条解决问题的思路。轻松的环境不仅能够增进彼此的了解，更有助于解开老师的心结，帮助他们调整心态。用宽厚的心包容每一个人，用真诚的心去交流，让每个人都理解我们的想法和行为，建立共同的核心价值观和奋斗目标，一切困难都会迎刃而解。

做教育不是以教师的角色在教，而是以人的本性在教。这个过程，不是简单地教知识的过程，而是教育儿童的过程，更是教育自己的过程。

5　您是如何将做人和育人相融互通的？

育人先要学做人。教育家乌申斯基曾说过："在教育工作中，一切都应以教师的人格为依据，因为教育力量只能从人格的源泉中产生迸发出来，任何规章制度，任何人为的机关，无论如何巧妙，都不能代替教育事业中的人格作用。"良好的师德是孩子健康成长的保证，对孩子品德的形成也起着耳濡目染、潜移默化的作用。我认为：教师要投入和付出的不仅仅是时间、精力和脑力，更多的是情感，是用真情实感去面对每一个孩子。教师积极的生活态度、笑对人生的精神风貌会使孩子受到感染。笑是一种胸怀，也是一种能力、一门艺术，教师应努力钻研这门艺术。

关爱是教育成功的奥秘所在。苏霍姆林斯基曾经做出这样精辟的论述："教育者最可贵的品质之一就是人性，对孩子深沉的爱，兼有父母的亲昵温存和睿智的严厉与严格要求相结合的那种爱。""爱是教育的润滑剂"，师爱是理智与感情的统一，体现为尊重、相融与互通。

把平凡的工作当作宏伟的事业去研究，我们就会发现无穷的乐趣。做人育人，不是简单的说教，而是一种精神体现，是一种深厚的知识内涵和文化品位的体现，是一种自内而外的心灵与行为的高度契合。为师者，首先应该是一个合格的人，是一个具有优秀品质和高尚德行的人。教育者自然地将自己对于做人的理解，用言行传递给每个孩子，孩子会用他们乐于接受的方式感知感悟，用他们的感官和心灵去分辨生活中的善与恶、美与丑、对与错，用自己的方式学习成长。这是教育者的智慧。智慧的教师更善于从纯真的孩子们身上悟出做人和育人的真理。

教育是一项事业，事业的意义在于奉献；教育是一门科学，科学的价值在于求真；教育是一种艺术，艺术的生命在于创新。

育人先做人，育人先育己。

6 "做好本职工作"是人们对劳动者的要求准则。很多管理者力求把自己的幼儿园做到最好、最强，以把自己的孩子教育好为荣，而您不仅要把自己的六个园管理好，还要帮扶其他幼儿园，这是出于什么考虑呢？

教育者是需要有一种精神的。小的时候我们一直都在说要学习雷锋，做一颗永不生锈的螺丝钉，把有限的生命投入无限的为人民服务中去……这些经典的语言我现在还记忆犹新，而且一直用行动来践行雷锋精神并在幼儿园传送。

雷锋精神的实质是什么？我认为，雷锋精神就是帮助别人，快乐自己。赠人玫瑰，手有余香。对人来说，最大的欢乐、最大的幸福是把自己的精神力量奉献给他人，用自己一颗无私的爱心，温暖着自己，也照亮了别人。生活需要我们把爱心接力棒传递下去，让这个社会大家庭多一些温暖、爱心、帮助与关怀。

我已经管理着六个幼儿园，平时很忙碌也很辛苦，为什么还乐于去帮助别人呢？我的回答就是两个字：高兴！就是这样简单。

"把别人的困难当成自己的困难，把别人的快乐看成自己的幸福。"这是雷锋曾经说过的一句话，也是我的座右铭。一次次帮助别人的经历，也是自己一次次收获快乐、成长以及幸福的过程。这种快乐与幸福是无限的、是长久的、是沉淀于内心的；这种幸福，超越了"坚持做好事"的艰难，赋予我"坚持做好事"的力量；这种快乐与幸福，是任何金钱买不到的，是一种超越了自私和功利而将他人的幸福与自己相连所获得的一种精神愉悦感、灵魂净化感和价值实现感。

"敞开园门办教育，敞开胸怀办好教育，让每个儿童都受到最好的教育。"这是我的教育追求。所以，只要是对孩子发展有利的好经验我都乐于分享。帮扶也是建立在信任的基础上的，还要有能力去帮扶。现在我们已经在全国各地建立了50多家帮扶园，虽然压力很大，事情很多，但我想：只要大家有需要，帮扶永不间断。

7 园长如何才能判断自己对工作是否有真爱呢？

　　真正爱上工作会令自己激情四射，就像与工作谈恋爱，永远精神饱满地投入，不知疲倦、充满动力，并能够感觉到自己是在不断地进步。具体表现有以下几方面。

　　（1）时间对自己永远都不够用。工作虽然就像泉水一样源源不断地涌来，但你可以享受繁忙带来的快乐与收获。

　　（2）常常不断地提醒自己考虑问题要更周全。工作中虽然难免会遇到枯燥乏味的任务，但总会认真对待并找到方法、发现机遇。

　　（3）经常的失落感是源于工作做得不够完美。当所关注的工作无法达到自己的要求时就会失落、不悦，这种感觉是自己对工作的期望值高，需要自己自觉地付出大量的时间和精力。

　　（4）早晚谈论的都是自己的工作，可谓三句话不离本行。哪怕对工作再心灰意冷，也会忍不住想着它、念着它，情不自禁地提到它。

　　（5）会感觉还没过多久就到午餐时间了。完成了几项任务后，正准备投入下一个重要工作，才发现原来已经到了午餐时间，我们会惊觉时间都去哪儿了？这也说明自己对工作很投入。

（6）经常被身边的人鼓舞。自己因为能够成为团队的一员并朝着一个共同的目标努力而快乐。当我们在团队中感觉美好、舒服，就会发现身边人的优点并会赏识别人的工作成果。

（7）能够从工作的角度看待业余生活。如果喜欢自己的工作，就会在业余时间也想着它。我们会发现自己在解决问题、头脑风暴、分析问题时，都会把生活与工作联系起来，就像"两会"中提到的职业关注一样，看到生活中的现象都会自然联想到工作。

（8）周末依然如故地对待工作。对于不是真爱工作的人，每天的工作都差不多，常会感到职业倦怠，但如果你真爱自己的工作，那么周末时也会把事情安排得丰富多彩，但最兴奋的事情是寻找创新点重新投入工作。

我们不用把爱事业、爱孩子、爱工作常挂在嘴边，可以悄悄地根据这八条标准来判断自己是否对工作有真爱。教育需要教育者有真爱。

8 一路走来，您认为一名优秀的园长要具备哪些能力和品质？

首先，园长也是一名教师。一名优秀的教师，必须具有远大的理想，不断地给自己提出对教育的追求目标，用激情伴随着自己的教育梦想。抱有强烈的使命感和责任感，每天乐于自找"麻烦"，这里的"麻烦"是新挑战，是对细微的关注，是周而复始地研究和思考。优秀教师要有灵感、有领悟、有创造、有冲动、有情调，享受着拥有诗意的教育生活。一名优秀的教师，应该像一杯好茶，让孩子回味无穷；应该像一本好书，让孩子百读不厌。

优秀教师能赏识每个孩子，明白赏识会使孩子变得越来越优秀，每时每刻注重激励孩子的长处——适时鼓励，点燃孩子的信心之火和无限的创造力，让孩子充满激情和自信。善于赏识的教师哪怕一句鼓励的话语、一个期待的眼神、一个亲切的手势，都会让孩子感到无限温暖。优秀教师能让孩子们感受到自己是幸运的人、幸福的人、体会到成功快乐的人。

其次，园长还是一名管理者，一名优秀的管理者应具有以下的能力和品质。

（1）利他型的个人价值观。自己可以清晰地认识到做园长的意义不是捞名捞利，而是要干一番事业。真正干事业就要全心全意为幼儿园的发展去谋划。

（2）成为教育的行家里手。在保教课程指导上能被教师信服，为教师施展才华提供全方位服务。营造有利于教师发展的物质和精神环境，把教师的成功、幼儿的成长当作自己莫大的幸福。

（3）知人善用。做到知人不难，关键在于能不能善于发现每个人的长处和优势，科学地培养和任用，调动和发挥各类型人的不同才能。

（4）远见博学。没有远见就不能为幼儿园的长期发展进行合理规划，没有学问就不可能具备较强的工作能力。学问是能力的载体，学识承载能力，人生观和价值观支撑并驾驭能力，指明方向。

9 有一种大教育观认为：全社会都是教育者。请您给家长们提几点教育建议吧！

从某种意义上讲，我更认为家长是我们的同事。我们也许在社会角色、专业知识、性格特征、气质修养等方面有所不同，但有一点是共同的，那就是我们有着共同的使命——教育。而且，我们的教育对象完全一致，那就是——孩子！

在每一次家长会或与家长的交谈中，我都会向家长强调父母自身的行为对孩子的影响。正如教育家马卡连柯写给家长们的一段话："你们不要以为只有你们同儿童谈话或教导儿童、吩咐儿童的时候，才是教育儿童。在你们生活的每一瞬间，甚至当你们不在家的时候都教育着儿童。你们怎样穿衣服，怎样跟别人谈话，怎样谈论其他的人，你们怎样表示欢欣和不快，怎样对待朋友和仇敌，怎样笑，怎样读报……所有这一切对儿童都有很大意义……父母对自己的要求，父母对他人的尊敬，父母对自己一举一动的检点，这更是首要的和基本的教育方法。"

实事求是地说，凡为人父母者，都希望能教育好自己的孩子。孩子能否健康成长、能否成人成才，牵动着几代人的心。但是，由于文化程度、个人修养、性格特点以及认识问题的能力差异等诸多方面的限制，常常出现教育方法不当等现象。

从教育的角度看，家长的教育者身份是至关重要的，幼儿园进行的每一项改革如果没有家长的理解与支持，几乎是不可能成功的。我们想让孩子感受挫折教育，家长会认为我们缺乏爱心；我们培养孩子谦让，家长却认为自己的孩子受了委屈；我们培养孩子独立自主的意识，家长却认为教师不负责任……教师是为孩子好，家长也是为孩子好，可为什么这两个"为孩子好"竟然"打架"了呢？问题出在哪儿呢？很多家长不是专职教育者——他们非常希望自己的孩子健康成长，但是他们对教育却一窍不通。可以说，要想让自己的孩子得到好的教育、拥有好的发展，家长首先要学习、接受教育。

每个孩子呱呱坠地以后，首先在家庭里生活着、成长着。家庭是他们快乐的源泉；父母是他们最亲近的人，是他们接触的第一任"老师"，而且是永远的"老师"。家庭教育中如果存在教育的误区，将会制约孩子的健康成长、影响孩子的一生发展。孩子教育不好，父母可能抱憾终生、追悔莫及，又何谈幸福呢！

我希望每个家长都能认识到我们都有着共同的使命——教育。以教育者的身份去主动关心教育，掌握科学的教育方法，遵循教育规律，随时注意自己的一言一行，以优秀的品格、高尚的情操、健康的心态和生活方式成为孩子学习模仿的榜样、生活中的朋友，为孩子创设一个高质量的家庭教育环境。

给家长的具体建议如下。

（1）父母的品德和做人原则是孩子成长的基石。注重家庭环境潜移默化的影响，为孩子成长给予积极的、正向的精神力量支持。坚守"孩子能做的事就让他自己做"的原则，让孩子在自己动手做事过程中，学会劳动、懂得珍惜；学会关心、愿意帮助；学会付出、体会收获；学会承担、体验失败；学会思考、理解成长……总之，要在做中学、生活中学习。作为父母就应该严格自律，发扬与人为善、助人为乐精神，做孩子的表率，将优良习惯传递到孩子身上。

（2）要求孩子每天用绘画式方式写日记，形成好习惯。这看似没有什么特别之处，但需要耐心和坚持，在坚持中，孩子会学会处理事情，分析问题，慢慢养成良好的习惯，锻炼自主能力，这些都是孩子人生路上的优良品质。家长也可以陪伴孩子记录家庭成长日记。

（3）给孩子自由的空间。让孩子的天性能够充分地发挥，兴趣、个性得以展示。多陪伴孩子走进大自然，从生活中收获成长的快乐。

（4）培养孩子良好的生活习惯。好习惯将受用一生。自己与孩子共同做到。

（5）培养孩子乐观向上的心态，保持一颗平常心。教孩子学会感恩，懂得宽容，拥有爱心，就有了求真求美的动力。培养孩子抗挫折的勇气和自我保护能力。让孩子敢于有梦想，有梦想才有创造。帮助孩子正确认识自我，学会欣赏别人，才会欣赏自己，让孩子每天都发现自己的一个优点。

成功的家庭教育要求家长第一学会宽容，善待儿童，把儿童当作儿童看待。第二学会等待，不着急，耐得住心。就如作家毕淑敏说的，树木不可长得太快，一年生的当柴，三年五年的当桌椅，百年的树才是栋梁材。第三学会解放。陶行知提出了六大解放：解放儿童的头脑、解放儿童的眼睛、解放儿童的嘴巴、解放儿童的耳朵、解放儿童的时间、解放儿童的空间，还给儿童宽松自由的环境。第四学会发现，帮助孩子发现自我、发现个性，找到孩子的热情，鼓励孩子全力以赴地追求自己真心喜爱的事情。

10 管理的最高境界是不管，您作为一名教育工作者，在管理方面有哪些心得？幼儿园的管理与企业管理又有哪些区别呢？

苏联教育家苏霍姆林斯基曾说过这样一句话："教育者的教育意图越是隐藏，就越能转化成教育对象自己的内心要求。"这句话诠释了教育无痕的内涵。淡化教育痕迹，隐藏教育意图，要求教师的教育像春天的甘露，润达心田，一生受用，也就是我们说的"生活即教育"。"如果被教育者知道我们在教育他，说明我们的教育就失败了。"这句话正是"无痕管理"的真谛。

我们所期待的管理应该是在管理对象的内心起到内化作用，能够影响人的一生。管理的前提是尊重，管理者要用"润物细无声"的潜移默化，去唤醒自尊。"无痕管理"即管理的最高境界，这种"不露痕迹"的无声管理是我们所追求的管理的理想境界。

我在工作中经常运用这样一些方法。

自主管理法：相信每个人都是管理者，每个人都应对自己负责，对自己的行为负责，对自己的现在、将来负责，对自己所服务的对象、对自己的工作责任负责。给予他们进行自我管理的空间；给予他们试误和调整的时间；给予他们建立自尊、养成自觉、乐于自省、形成自律的引导与支持。自主管理是人的整体素养的提升，是一所幼儿园园所文化、管理水平、人员素养的集中体现，是一种积极的、民主的、个性化的管理。

需要指出的是，教师自主管理意识的形成对管理者提出了更高的要求，设计不佳的自主管理很可能有效性还不如控制性强的传统管理。因此，自主管理必须精心设计。只有教会教师学习，教师才会自主学习；只有教会教师管理，教师才会自主管理；只有自主管理，才能培养出真正富有内涵发展的教师队伍。无痕管理是把管理内化到管理对象身上，是让他们自己主动地管理自己，由此，成长才真正发生。人们常说："大巧若拙"，我想这是无痕管理的最高境界。人的一生必然会追求巧，老子所说的巧，不是一般的巧，一般的巧是凭借人工可以达到的，而大巧作为最高的巧，是一种超越，是绝对的巧、完美的巧。大巧强调的是素朴、纯全的美，自然天成，不强为，无机心，不造作，朴素而不追求浮华。

管理需要一种心与心的沟通，而不是高高在上的权威式管压，更不应该是动物式的驯服和奴役，它是建立在平等、人本的基础上。管理应该使管理者在管理对象心中留下深深印痕，并且是人一生中最美好的印痕。

故事管理法：讲故事是我最擅长的事，而且不论老幼，大家都喜欢听故事，故事所蕴含的绝不是曲折有趣的情节，更重要的是蕴含着深刻的道理。好的故事能引人思考、给人启示、传递思想。在娓娓道来中，讲者、听者的心与情因故事而越走越近，讲故事人的思想和情怀在故事中自然流露。故事成就了柔性管理，给冰冷的"管理"一词增添了人文的温度。

微笑管理法：微笑是一张名片。无论是面对熟悉的人还是陌生人，孩子、家长还是教师，我们的微笑传递的是友善、是积极、是快乐、是美好。微笑是人的一种气度和修养。幸福时的微笑是与生俱来的，而面对困难时的微笑则是一种勇气和自信。对自己爱的人微笑是一种本能，而对陌生人微笑则是一种素养。满意时微笑是自然而然的，不满时仍能用微笑的方式善意地提醒、尊重地沟通，是一种智慧和品格。因此，微笑管理是此处无声胜有声。

便条管理法：便条是人们生活中常见又常用的小物件。然而，谁曾想过小小的便条在幼儿园的管理中具有特殊的意义呢？我在管理中为小便条赋予了不同的含义和使命，让小小纸条成了沟通的桥梁、管理的法宝。每位园长都爱自己的幼儿园，爱到幼儿园的各个地方转转、看看环境，了解各处情况、指导工作是常事。而我一直有一个习惯，就是选择在不同的时间段去走走看看。这其中的奥秘在于不同的时间和地点，看的目的和看到的结果会有所不同。便条就成了此时我和老师们沟通的桥梁。

一天晚上8点多，老师们都已经下班了，我决定到班里看一看。这时候班里如果不能让我发现一点问题，就说明这个班的工作一定做得不错。因为，上班时规规矩矩，下班了老师们就会放松对自己的要求，变成了生活中的孩子。对于这些猜测我可是自信满满，毕竟我也年轻过，回想起自己刚工作做教师时这些可都是家常便饭呀！我踱步来到了小一班，班里静悄悄的，推开门打开灯，活动室里干净整洁，玩具被洗刷一新，整齐地摆在柜子里，墙面环境科学丰富，既展示了孩子们的活动轨迹，又体现了师幼的共同参与和设计。看到这一切，我真是感到无比欣慰。刚想往外走，突然发现角落里一个柜子中的小标志掉了几个。我拿出了随身携带的便签，用笔写下了这样的话："班中的主题墙环境能从幼儿的角度设计，是幼儿自己的学习环境，希望将你们好的想法做法和全园老师分享。班里的物品干净整洁，看到了你们平时常态工作的一丝不苟，继续保持呦！我发现班里科学区柜子上的标志掉了几个，估计你们白天忙孩子没有发现吧！关注细节，你们的工作会更加完美！加油！"造型可爱的小便签被放在办公桌上，相信第二天上班后老师们一定会发现。我又来到小二班睡眠室，只见工作服挂在椅背上，白天穿的运动鞋在桌子周围东一只、西一只。我将老师们的衣服叠整齐收放到柜子里，鞋子摆放好。我在便条上写道："衣服和鞋子已经帮你们收好了。"后面加了一个顽皮的小鬼脸！

便条已经成了我和老师们沟通的独特方式，亲自用纸笔写下自己独有的字迹，简简单单几行字就完成了心的沟通。这种独特的沟通方式效果极佳，每每通过便签交流的问题都能很快得以调整。而收到这种亲笔鼓励的老师更是旧貌换新颜，精神百倍。有时老师们会拿着自己收到的便条相互比较，比比自己班的便条中有多少条表扬、有几条建议。交流中有欣喜、有快乐、有满足，更有幸福。

小便条从自己的手中传到了中层领导的手里，从老师的手里传到了孩子们的手里。办公区的小黑板上每天都会出现几张便条，走过路过的人都会看一看，有时是一条温馨提示，有时是个小小公告，有时会是一道问题，有时还会出现一个谜语、一幅小图。大家都学会了用这种方式表达与交流。提示便条：将面对面的尴尬化为了温馨暗示。留言便条：让信息留有痕迹，传递温情。宣传便条：让一个人的想法跃然纸上，带动大家群策群力。鼓励便条：让欣赏与赞美成为一种习惯。建议便条：让互帮互助蔚然成风。问题便条：让每个人都乐于思考。

便条成了我园特有的一种文化，简单的便条内容却是丰富多彩、多种多样的，它带给大家的是工作的便利、合作的乐趣和前进的动力。

餐桌管理法：餐桌是人们品味美食、放松心情的地方。在劳碌之后，能够坐在餐桌旁和三五好友一起享用美食、聊聊家常自是一件乐事。温馨的餐厅多了一份家的温暖，在这样的休闲场所谈管理未免有些格格不入，然而就是这一方餐桌竟也蕴含着管理的玄机。

我离开丰台第一幼儿园到青塔二幼做园长已经十年了，这次轮岗又回到了一幼，再次回来自己的身份从主任变成了园长，而之前的那些熟人因为各种原因所剩无几，满眼望去尽是陌生的面孔，竟有些物是人非的感觉。中午来到餐厅，看到老师们三五成群地围坐一桌边吃边聊，一幅热闹景象。看看还有一桌没有坐满，三位老师也正聊得不亦乐乎，我端着餐盘走过去，笑着问："这儿没人吧？"大家看到是我，先是愣了一下，之后挤出一个笑容忙说："园长啊！没人，没人。"然后低头不语，闷头吃饭。一阵沉寂之后我赞叹道："今天的红烧肉可真好吃。""嗯，是挺好吃的。"一位老师勉强附和着，之后又陷入了沉寂。一会儿一位老师起身盛汤，一会儿又一位老师起身添菜，最后的一位老师也快速地吃完了说道："您慢慢吃。"这桌只剩下我一个，而回头看看旁边本该四人位的桌子旁竟然挤了六个人，刚才盛汤添菜的老师都坐在那里。孤零零的一个人吃饭并不好受，也不是我想要的。于是我端着餐盘站起来走过去，笑着大声说："原来大家喜欢挤着坐呀，我也不喜欢一个人吃，我也来凑凑热闹。"大家听了我的话，有人不好意思，有人笑了忙说："朱老师，来这儿坐。"我拉来一张椅子坐下，参与到大家的聊天话题中，哪个牌子化妆品效果好？最近哪个商场打折？没有了刚才吃饭的尴尬。最后，我以朋友的身份半开玩笑地问："哎？大家说说我是不是很不好接触呀？"一个外向的老师立即说："朱老师，其实我们挺喜欢您的。"另一个说："园长一般都不和我们坐一起吃饭，而且除了工作也没什么话说。您是园长，我们以为您也是这样，所以……"她不好意思地笑着，"没想到您这么风趣，还挺喜欢您的。""园长也是人，除了工作更需要生活，而且我最受不了没有朋友。"我依旧用自己招牌式的直截了当说道："好啦，明天记着给我讲讲你说的那款好用的面膜怎么用，咱们明天聊。"大家一起笑着洗餐具，带着愉悦的心情离开了餐厅。

小饭桌拉近了我和老师们的距离，门开了才能让心更近。管理不是生硬的指令，不是上级对下级的强制要求，而是一种以和为上的沟通、以情为结的合作。

幼儿园管理与企业管理都是充分利用人力、物力、财力、环境等资源，取得利益的最大化。不同的是企业收获的是钱，而幼儿园看重的是孩子的健康发展。与之相比，幼儿园的管理更加要避免失误。企业失误，员工情绪不佳，最多产生次品，而教师如果对管理进行抵触，把不良情绪转移到孩子身上，影响的是孩子的一生。所以，幼儿园的管理不仅需要科学、严谨，更需要有温度、有智慧。其最高境界即教育无痕、管理无痕。

11　您写这本书的真正目的是什么？有些内容未免有点理想化，好像与现实很脱节，您是怎么认为的？

其实写这本书的目的是想与大家谈"人生精神境界"的问题，也就是：教育者应该引导每个人有更高的精神追求。幼儿教育领域一直有这样的提法，幼儿园的任务是：实施德、智、体、美等方面全面发展的教育，促进幼儿身心和谐发展，同时面向幼儿家长提供科学育儿指导。

由此，幼儿的发展离不开教师也离不开家长的主动配合，可以说，教师、家长乃至社会都承担着教育影响幼儿的任务。这就要求教育者要有更高的精神追求，追求一种有意义、有价值的人生，注意拓宽自己的胸襟、涵养自己的气质，不断提升自己人生的精神境界，这样才能够影响幼儿的发展。

什么是人生精神境界呢？

"境界"就是人生态度。一个人的境界就是一个人的人生意义和价值。这里指的是人的精神境界、心灵境界、人生境界。

冯友兰先生认为：人生境界的学说是中国传统哲学中最有价值的内容。从表面上看，世界上的人是共有一个世界，但是，实际上每个人的世界并不相同，因为世界对每个人的意义并不相同。不同的人做相同的事，但根据不同程度的理解和知觉，这件事对于他们可以有不同的意义和认识，也就有了不同的结果。也就是说，同样是教育者，因为对教育有不同的价值追求和理解，对教育的付出就会不同，当然对孩子的培养结果也就不同。

北京大学哲学系的张世英先生认为：人和动物的不同就在于人有一点灵明，正是这点灵明，照亮了人生活的世界，于是，世界有了意义。境界就是一个人的灵明所照亮的有意义的世界，是一种生活心态和生活方式。它指引着人行为选择，包括爱好、风格、思想、感情、欲望等。通俗点说，境界就是人对未来想些什么，这些都构成了整个的人。境界对一个人的生活有一种指引导向的作用。境界指引着人的生活和实践。

一个人的境界就是一个人的人生意义和价值。一个人的精神境界表现在内在的心理状态上，还表现在外在的言谈笑貌、举止态度和生活方式上。

这本书的书名为《发现最好的自己：一位幼儿园园长的教育随想》，就是想通过故事和案例，引起教育者的思考，使教育者树立审美的精神境界追求。

人是社会的一部分，只有身处社会中，每个人才能实现自己、发展自己。功利境界的人是追求个人利益，道德境界的人是追求社会利益。功利境界的人行为是以占有为目的，道德境界的人行为是以贡献为目的。可见，不同境界的人，世界和人生对于他们的意义是不一样的。

一个人的工作和事业最能反映胸襟和气象。冯友兰先生在90多岁高龄时，依然在写《中国哲学史新编》，他眼睛不行了，想要翻书找新材料已经不可能，但是，他可以从以前掌握的材料中发现新的问题，产生新的理解。他说："我好像一头老黄牛懒洋洋地躺在那里，把已经吃到胃里的草料再吐出来，细嚼慢咽，不仅津津有味而且其乐无穷。"古人所谓"乐道"大概就是这个意思吧！我认为：这里的"乐道"就是精神的追求、精神的愉悦、精神的享受，就是对人生意义和人生价值的理解，这就是一种人生境界的体现。

一个人有什么样的人生境界，就有什么样的人生态度和人生追求，就有什么样的心态和风格。一个有最高人生境界的人必然追求审美的人生。审美的人生就是诗意的人生、创造的人生和爱的人生。

美国心理学家马斯洛在谈到自我实现的人的时候说："自我实现的人有一个特点就是更有情趣，更能感受世界之美，他们能够从生活中得到更多的东西，他们带着一种敬畏、兴

奋、好奇，甚至狂喜来体验人生。"对于自我实现者，每一次日落都像第一次看见时那么美妙，每一朵花都令人喜爱不已，这就是中国古人所说的乐生。一个人能够乐生，享受人生，那么对于他来说，就把握了现在，世界上一些事物的利益和价值就不一样了，他的人生就成了诗意的人生，这样的人生就充满了意义和价值。

对于教育者来讲，人生最重要的就是创造，创造的人生才有意义，也是审美的人生。因为人在审美活动中，总是充满着生命的活力和创造的追求。很多教育者是在最高的极限上生活，他们就是马斯洛所说的自我实现的人，自我实现就是极致地开发自己的天资、能力、潜能，这样的人几乎竭尽所能，使自己趋于完美，走向自己力所能及的高度。教育者需要有这样的人生境界。

总之，人们在追求审美人生的过程中，需要不断地拓宽自己的胸襟、涵养自己的气度，不断提升自己的人生境界，不断提升人生的意义和价值，达到审美的人生境界。

朱继文教育箴言

◎ 教育就是沟通，沟通的目的是为了表达和传递爱意。

◎ 园长是教师的首席，要走进教师、走进孩子、研究课程，这才是园长的价值。

◎ 园长要帮助教师把视线都聚焦在孩子身上，用图文的形式记录孩子学习的过程，记录孩子自主学习的发生，关注孩子能够做的、感兴趣的事，重视孩子的勇气、坚持、自信、责任等。

◎ 园长要有"我愿意"的魄力，什么都愿意为教师的发展服务，把教师的成长当作自己的快乐和追求。

◎ 教育不是工艺，不需要按照一个模子成批量地生产与雕琢刻画。教育是农艺，需要根据花卉树木的需求浇水、剪枝和培育。浇灌的过程不但需要了解花卉树木的需求，还要根据水管的粗细和特点来决定水流的编排与布局。教育要遵循事物本来的规律。

◎ 幼儿园的特色是多年来团队共同价值观的作用下自然而然形成的，不是制造、打造、塑造出来的。

◎ 幼儿园的课程是教育者和被教育者心灵开启的过程，是自己与自己、自己与幼儿心灵对话的过程。

◎ 爱是需要能力的。爱的真谛不是去捆绑所爱的翅膀，而是要不断扩充自己爱的胸怀。

◎ 园长要有三面镜子：放大镜焦点对准自己，发现问题，虚心请教；望远镜焦点对准别人，欣赏的眼光，感知美好；平面镜焦点对准团队，成就自信的团队、历练奋斗的团队，找到真实的位置。

◎ 教育就是不断地找问题，找不到问题才是最大的问题。

◎ 当我们决定教什么或让儿童做什么的时候，最重要的依据不是我们想干什么，而是儿童想干什么和能做什么或想获得什么？我们必须真切地关注儿童的需要和可能。

◎ 教育就是要为孩子们精心播种下一颗幸福的种子，等待并享受种子发芽、开花、结果的过程。

◎ 教育就是为孩子点燃一盏幸福的灯，让自己和孩子都享受着光明和温暖。

◎ 教育就是把每个人的内在的天赋、才华、潜能都充分地挖掘并激发出来的过程。

◎ 选择了教育就选择了永远在路上，因为教育没有最好，我们每天都在寻找自己的问题，并找到适宜的教育方法。

◎ 好的幼儿园一定是每个老师每天都在绞尽脑汁地去思考、去研究怎样使儿童获得最好的发展。

◎ 精神境界的力量是幼儿园发展的优质基因。

◎ 让幼儿园成为孩子们自由表达的地方。

◎ 教育要点燃孩子们善良的火花。

◎ 教育就是要让每个孩子都找到自己的跑道，用适宜的速度不懈地奔跑和追求。

◎ 教育管理就是不断地管好自己，教育的最终目的是让每个人在生活中都能发现美好的自己。

◎ 教育就是要让每一个人点燃真、善、美的火焰，并不停地燃烧，让星星之火影响、照亮、温暖到身边的每个人。

后　记

让每个人都成为自己的主角

　　我虽然年近50，从事幼儿教育事业近30年，做了20多年的园长；但还像个长不大的孩子，童心永驻，我想正是因为有孩子才让我发现了美好的自己。这辈子选择幼教工作是我最开心的事。忘了是哪位哲人讲过：一个国家文明程度的标志一定是看如何对待小孩子。是啊，我们每天都与孩子朝夕相处，是不是可以这样讲，在某种程度上我们就决定着社会的文明程度呢？我们是怎么对待孩子的呢？孩子是不是自己生活的主角？

　　2016年我有幸成了北京市首届名园长工程学习团队中的一员，这在我的职业生涯中可以说又是一次起航。在这里，我非常幸运地成了北师大霍力岩教授的徒弟，将近两年的学习时间里，我深深感受到霍教授是一个执着于研究的人，一个热情阳光的人，一个爱学生如生命的人。我认为：微笑是教育者的一张永远的名片。学师学样，我也乐于成为霍教授那样的人，我从她的身上学到的不仅是学识，更有做人求真的智慧。自参加名园长团队学习的第一天起，我就知道我们这个团队的目标是培养教育家型的管理者，这正好与自己心目中的美好理想——发现美好自己的追求不谋而合。我们的名园长团队以"研究引领、学术涵养"为培养理念，好的园长应该有一套符合儿童发展需要的教育思想，让儿童成为自己的主角。这就需要让自己的"心"沉下来、"事"放下来、"研"深下去。我常常问自己：什么是教育家？教育家应该有什么样的特质？我想教育家首先心中要装着孩子，永远都有孩子的存在。我们每个教育人的人生都是一本书，这本书写得薄还是厚、写得是平庸还是精彩，完全靠自己的态度和行动。所以，自从选择了教育，我就曾多次问自己：我教育人生的这本书应该怎样书写？我能为教育做什么？有人说过："真正的教育是用一棵树去摇动另一棵树，用一朵云去推动另一朵云，用一个灵魂去唤醒另一个灵魂。"它告诉我教育要学会"慢"下脚步，容不得急功近利、容不得半点疏忽、容不得不让自己优秀。因此，我坚信教育首先要做好自己，让自己是自己的舞台主角。

一、默读自我，形成教育理念

许多管理者都认为管理是在管理别人，刚做园长时也有很多有经验的老园长告诉我：园长与教师是永远的一对矛盾，你要敢于大胆地管理，不要怕得罪别人，这样才能成为优秀的管理者。但做园长时间越长，我反而把这个经验给打破了。因为多年的经验告诉我：管理就是管好自己，用放大镜看到身边人的优点，用显微镜看到自己身上的短缺。让每个人都成为自己的主角，张扬每个人的个性，发挥每个人的潜能。想让身边的人成为什么样子，我就要成为什么样子。

1. 管好自己、学会谦卑

教育就是培养人，我们要
培养什么样的人呢？21世纪的
公民应该具备的核心素养是什
么呢？有责任、有自信、有创
造性和批判性思维。怎样成为
这样的人呢？学会敞开园门、更要敞开心扉办教育，欢迎四面八方的朋
友来到幼儿园，通过不同视角的审视、发现自己的真问题，在批评和质
疑中，分析问题、思考问题、完善自我。批判自己的过程就是成就自己
的过程。我认为：教育就是不断找问题的过程，找不到问题才是我们最
大的问题。

2. 管好自己，学会学习

学习是一种习惯、一种能力，更是一座人生的阶梯。我的学历不
高，北京幼师毕业，现在带的队伍95%是首都师范大学的本科生和北京
师范大学的研究生，这就更需要自己向身边人学习了。总结起来，我的
学习有这样三种方式：一是站在智者的肩膀上倾听学习。与专家智者对
话，聆听大师的教诲、品味大师的故事，跟随大师的脚步，践行大师的
思想。二是站在自己的肩膀上回顾学习。不断梳理成长的案例笔记，时
刻反思，写好每天的日记。三是站在团队的肩膀上对比学习。了解团队
中的每个人的闪光点，虚心请教，在众人面前永远做学生，在快乐发展
中做最好的自己。

3. 管好自己，养成好习惯

读书、思考、研究一直是我的习惯。北京教育学院也给我们名园长
团队配备了大量图书，但我每本都没有读透，因为每本书都需要反复地
阅读、反复地自问、反复地追问。现在，我读每本书都不会草草翻看，
而是学会了对照自己的工作深度阅读，越学习越切身感受到自己的无知

与浅薄。所以，我把每次的课程讲座、读书分享、导师组织的教研等都当作成长的机会，做到珍惜和如饥似渴，做了大量的学习笔记，写了大量的心得体会，我发现越学习越有许多不会不懂的地方。工作、学习、成长真的永远在路上，这也是我一生不懈的追求。平时，我除写了《故事教你做园长》《师幼互动理念指导下的园本课程》书籍外，还带领教师们整理了教育案例《青柿子》，还先后完成了《故事教你做教师》《故事教你做家长》等书籍，一个个生动的故事在幼儿园传唱。用故事进行管理也成为我自己的一种管理方法。

二、阅读孩子，生成生活课程

园长是教师的首席，永远都是教育者。真正的教育者要俯身用心聆听孩子的声音，看到孩子的需要，读懂孩子的内心世界。只有真正懂得孩子的园长才能把握好教育的方向，才能有符合孩子需要的课程主张，才能给予孩子有效的支持。当然，我们的课程应该是让孩子感到温暖的、友好的、建立在尊重的基础上的。

1. 走进孩子的生活

想要了解孩子，最好的方法就是走进孩子的生活，和他们一起游戏。我给孩子们带去绘本《妈妈的礼物》，和孩子一起猜想故事中小男孩会选择什么礼物给妈妈。在棉花糖挑战赛中，我和孩子们一起挑战新的纪录，还亲自带孩子们参加全国的公开展示课。有人问我：如果您的课上砸了怎么办？您都是特级教师了，还用冒这个险吗？其实，不怕出丑是我给教师的礼物，也是鞭策自己成长的智慧要诀。因为每一次与孩子们在一起都像是一次探索未知世界的过程，每一次的挫败都让自己更深刻地认识到成人思维与幼儿思维的距离，只有不断地和孩子们在一起；才能感受他们丰富的内心世界，才能想孩子所想，才能给孩子提供成长所需要的环境和支持。

2. 发现孩子的学习

孩子是怎样学习的？有质量的学习要得到孩子的认可，当问题成为孩子的思维对象时，当思考成为孩子内心需求时，真正的学习才会产生。幼儿主动参与的活动，才可能发生真正的学习。我和老师们通过"听故事、拍故事、写故事、说故事"，一起发现孩子的学习；通过视频故事、照片故事，用镜头记录孩子的生活片段，分析研究孩子，理解孩子作为主动的学习者是如何在行动中认识世界的。在了解孩子的基础上，教师如何对孩子的学习提供支持呢？我们通过记录"老师和孩子之间的故事"研究师幼互动的策略，通过幼儿行为解读聚焦问题，通过教师回应解读分析问题，通过情景再现发散思维解决问题。在持续的观察、记录和研究过程中，我们发现了许许多多老师和孩子的精彩瞬间和温馨时刻，也带给了自己不尽的感动、启发和感悟。做教育就要"慢下来、静下来"，跟着孩子的脚步，才能看见孩子、聆听孩子、看懂孩子。

3. 支持孩子的探究

学习就是幼儿主动地探索周围的社会环境、自然环境和物质世界的过程，也是幼儿不断挑战自我的过程，教师应该成为幼儿活动的支撑者。那么，如何支持幼儿自主发展呢？

（1）高档次不等于高水平

经济条件的改善，让部分幼儿园不惜花费高昂的资金向着高端、上档次的方向突飞猛进。然而，高档真正适合孩子吗？是孩子的需要吗？真的能有效地让幼儿获得有益经验吗？我认为：高档次不代表高水平，幼儿需要简单的自然材料，旧纸盒、小石子、小树枝，多样化、低结构的材料也能让幼儿的活动丰富多彩，激发幼儿的创造，增进幼儿的经验。

（2）活动室代替不了大自然

我们修建了室内运动场、各种活动室，孩子确实是足不出户也能玩得"不亦乐乎"。但是，作为"自然人"的孩子更适合什么样的环境呢？我认为：在风中奔跑、在雨中漫步、在阳光中尽情地玩耍……这就是孩子最好的学习。让孩子亲近大自然，不拘泥于教室，能够在自然中开展活动都尽可能到户外去，这样才能让他们更好地了解所生活的真实世界。

（3）"童话世界"需要敞开园门

高大的围墙、坚固的大门、严密的保安，孩子被牢牢地保护在"童话世界"中。虽然保护孩子的安全是我们一直重点强调的，但我想这种安全也绝不是"与世隔绝"，需要通过多种形式、利用多种资源、开展多种活动，生成生活实践课程。让孩子在大社会中学会做一个真正的"社会人"吧！

三、品读教师，凝聚团队智慧

一直以来，红杉精神都在激励着我们整个团队，教师团队水平决定了教育的质量。在丰台第一幼儿园的每位教师都是团队中不可多得的宝贝和财富，需要我们用心挖掘。我深刻地认识到：高质量的教育不是偶发的，它需要我们仔细地思考、规划并需要对此理解透彻的教师来实施。这就需要我用心去品读好每位教师。我经常问自己：我何德何能，为什么总是身边有一批乐于支持你的人、乐于与你奋斗的人、乐于与你同苦的人、乐于与你享受事业的人？多年来我发现：只要自己有期盼、只要自己有欣赏、只要自己有适宜的支持，教师在活动中的教育智慧就会自然地迸发出来。

1. 赏识"个性"，享受职业的幸福

世界上没有两片完全相同的树叶，每位老师都有自身的特质。怎样让她们都能够彰显个性、光芒四射呢？让教师充满温暖感、舒适感、存在感、归属感，感到被关怀、被接纳、被尊重。有舞台感，自身能力被肯定，被赏识、被重视。有方向感，工作有方向、有目标、有规划。人人争做幸福的普通人。

人生就是追求幸福的过程，怎样才能让老师们拥有幸福呢？回到基本元素，让老师们走上研究的道路，发现研究的乐趣、养成研究的习惯、收获研究的果实。苏霍姆林斯基的"只有让教师走上研究的道路才会感悟到幸福"在这里获得了验证。我为老师们铺就学习平台、放宽实践平台、提供支持平台、创建展示平台。有园长的期待、同伴们的鼓励、自己的努力，教师悟出了幸福的真谛，享受着研究带来的快乐。

2. 真正"理解"，让关怀走到心灵深处

"理解"说着容易做起来难，理解什么？怎样理解？这些都是具体问题，它就像一个课题，需要我们动用所有的能力才能让"理解"触碰心灵。

我经常会发现教师们加班加点地工作，每天晚上七八点的时候都会看到班上的教室还亮着灯，悄悄地靠近窗户，透过灯光就可以发现教师安静而又忙碌的身影。过去我以为教师乐于让我发现他们对事业的爱与执着，想极力地捕捉、发现教师的进步和闪光点，自认为老师们想得到我的认可和赞美，后来我发现研究型的教师团队已经形成，关心他们的内涵发展，把关爱教师的身心挂在心里才是他们乐于接受的，表面寒暄的关心对教师来讲并不是成长所需。

默读自我，形成教育理念，只为发现最好的自己；阅读孩子，生成生活课程，只为做最好的教育；品读教师，凝聚团队智慧，只为追求幸福的真谛。幼儿园里孩子是主角，孩子能够按照自己的速度成长；幼儿园教师是主角，教师能够按照自己的速度去研究；幼儿园里家长是主角，家长能够按照自己的轨迹配合孩子的成长。人人都是幼儿园的主角。

幼教是我生命中最美的遇见。怀着感恩的心，在最好的时光里，在诗意般的境界中，我发现了最好的自己。